網際網路與傳播理論

梁瑞祥　著

陳　序

　　如果是火的發現將人類從原始時代帶入了文明時代；如果是電
力的發明使人類生活現代化；那麼在二十世紀電腦與網際網路的「創
造」則給予人類一種成為神的希望。無人能夠（也許即便是全能的上
主）停止人類的征服，所以電腦界的領袖發出了借自凱撒大帝名言的
狂語：「我看，我見，我征服」。

　　雖然電腦科技蓬勃的發展產生了令人驚嘆的進步，使人類社會
得以進入地球村時代，但人類無論如何必須了解人不會而且永遠不能
變成神，而且正好相反的是，神以電腦指示了人類的命運。網際網路
使人「覺得」更自由同時諷刺的更孤立，這種虛假的自由表象，不但
不能改變事實，而且更清楚地陳述出人類已被電腦禁錮的事實。試想
現今一旦電腦停止運作人究竟還能做些什麼？電腦和不可抗拒的網
際網路力量早已鏈鎖著人們使之被迫遵守著命令。

　　在本書中梁瑞祥教授並非一般性的向我們介紹網際網路的系統，而
是更深一層的反省網際網路發展如何使人更自由或更不自由的正反
兩個面向，人的決定是造成正反兩面的根本理由，由人決定的形成因
素探討逐步展開道德思維乃是本書理論建構的核心。在她的觀點中，
我們迫切需要理解人類不但不該被電腦所指示，而且應該努力地去重
塑人類在電腦時代中所扮演的角色。為了加強其論點的確切性，梁教
授深入地探究天主教哲學中的倫理學觀念，並發現其為極其理想的解
答，因為，天主教哲學的倫理學觀念強調人性的尊嚴、責任和希望，

將這些因素用之於平衡電腦對人類所產生負面影響是極為寶貴的，而且人性的尊嚴、責任和希望對於將網際網路的全球化過程導向更為趨近人性的方向發展也極為重要。

透過本書的助益使我獲致對網際網路性質的真正理解，而我也分享梁教授透過道德思維將網際網路系統人性化的觀點。

陳文團

2001 年 8 月

現任台灣大學哲學研究所教授

黎　序

　　人類自知識發展以來，最困擾的問題就是如何有效的向他人訴說，不管是言說、筆談或行為語言，其中都存在著對知識內容理解的程度及真偽的辨別，特別是在經過一再的傳遞之後如何能保存其真實正確性？

　　古代的學者在體悟這種困擾之後，致力於將傳播的方法限定在一定的原則中，以使傳播的過程不失其真實正確性，這種對語言形式的要求，表達技巧的訓練及語言內容的精確性都是使得古代語言有了完整、必須且清晰的結構，特別是古希臘文及拉丁文，在其結構及語法上的講求幾乎已到了字字珠璣的地步，也因此使得古代的學術有其不可撼動的地位。

　　反觀今日，在文明日益昌盛的時代，一切為了符合現實、快速、經濟的需求，不但在食物上有所謂的 Instant Food，連愛情的發生也非常的 Instant，更別說語言的使用了，雖然中國自古以來就有面對繁雜字體的簡體字，但中國大陸卻在 1950 年以後更發展了簡化字，使得文字的精確性、藝術性及傳播的有效性都受到了質疑，更別說對傳統文化的認同性了。

　　而今日西方應用最廣的英文，在流行於美國的三百年間也逐漸發展了一套簡單的表達形式或也可以說是英文的簡體字，除了我們已習以為常的 I'm、I can't、I'd 之外，有些簡寫法簡直令人匪夷所思，如，d'ya、kinya、kinda、lotsa、boutchu（do you、can you、kind of、

lots of、how's about you）等，除了長居美國，熟悉美國俚俗語言（slang）
的人之外，幾乎都是不知所云，但卻充斥於他們的大眾媒體中，特別
是電視、電影及廣播中（幸好平面媒體中很少出現），而他們居然稱
這就是美國文化，還自以為傲，真是令人哭笑不得。

　　但是更令人憂心的卻是電腦普及化後年輕人對網路的狂熱，電
腦業者為了促銷及方便，使得電腦愈來愈好使用，不但可因形辨字，
甚至還可以因聲辨字，結果就是對文字，甚至文法都愈來愈不熟悉；
美國有一個調查就是針對使用電腦超過十年的 10 至 12 年級（我們的
高中生）年輕人的語言調查，結果發現，他們比起五〇年代的年輕人，
不祇是文字的熟悉度，就連文法語法及文學的使用都差了一大截，他
們使用似是而非的語言非常普遍，甚至還創造了一些語言（如粉，
俄……），以為這就是新的網路文化，也以為看出了科技的發展，然
而新的網路文化雖增加了方便性，但也同時喪失了文化性。

　　因此，在面對這種自古已存至今尤烈的問題時如何去解惑？《網
際網路與傳播理論》似是可以提供我們答案，特別是在詳閱本書上篇
三、四、五章及下篇的二、三、四、五章之後，必會意領神會。

　　故樂為之序。

黎建球

2001 年 7 月 30 日

現任輔仁大學哲學研究所教授

自 序

　　本書爲近三年來筆者繼 1998 年《思考的軌跡》出版後，進一步思考如何將理論應用於實際層面的作品。

　　回顧廿世紀，大眾傳播成爲一股不可忽視的新興文化力量，而隨著科技不斷的進展，大眾傳播媒體的力量滲透在社會各個領域，引導且創造吾人的生活模式。科技對人類生活的改變和影響隨著傳播媒體的發展更加精密複雜，而我們迄今對於這個影響重大的趨勢其知識基礎的探討尚嫌不足，因此筆者嘗試著從哲學的角度爲大眾傳播媒體的發展提供思維架構的釐清。

　　基礎問題的釐清與創建是一個起點而非終點，因爲畢竟大眾傳播的哲學問題尚牽涉倫理學與經濟學的整合研究，以及理性心理學與社會學、心理學的整合研究，而網際網路（Internet）的發展更增加了研究的難度，而筆者在本書中僅將天主教哲學的基本觀念能夠對大眾傳播的基礎探討有所助益的部分作出剖析，而後續工作仍待各界研究者持續的進行研究。爲了幫助讀者理解本書所陳述的問題，在此對本書的寫作結構稍加描述，首先本書是由上下兩編組成，上編主要探討大眾傳播理論的知識論基礎，研究重心在認識方法，處理的問題著重於認識能力的向度、直接認識與間接認識的可靠性，以及傳播理論的真實性問題……等，目的在於建立傳播理論發展的真理觀。

　　在本書的下編中，筆者要藉由在上編所進行的真理觀釐清，開始著手處理「網際網路」的倫理學議題，將針對自 1990 年代傳播界

新興的傳播工具──「網際網路」的發展說明唯有建立在完整真理觀之上的倫理論述才有其實踐意義。「網際網路」是一種新興的傳播科技，故探討「網際網路」不應脫離大眾傳播的理論範圍。

　　特別值得一提的是本書成書的過程，上編──＜大眾傳播理論的知識論基礎探討＞是 1998 至 1999 年，筆者於台灣天主教輔仁大學中西文化中心任特約研究員時所提出之論文（該文曾蒙台北市開放社會研究學會贊助以單行本論文形式付印）；而下編──＜網際網路倫理學問題研究＞則是 1999 至 2000 年筆者於台北開放社會中心任博士後研究員，前往美國加州大學洛杉磯分校（UCLA）進修所提交出之論文。由於這兩個階段的努力才有今日能將個人關於認識理論與大眾傳播理論結合的研究計畫完整編輯成書付梓的機會。筆者由衷感謝在這段艱苦的時間內不斷鼓勵提攜的師長和一起共同努力的工作同仁。

梁瑞祥

2001 年 8 月

目　錄

上編
傳播理論的知識論基礎

引言──發展傳播媒體的思維架構

　　本書上編乃筆者繼 1998 年出版學術性著作《思考的軌跡》[註1]後，進一步思考如何將理論應用於實際層面的作品。就時間點而言，這是在廿世紀末所做的展望，回顧廿世紀，整體文化有一股不可忽視的新興力量，即是大眾傳播，大眾傳播從最單純的形式－報紙的發展開始，便深入家家戶戶，與每天的生活息息相關。而隨著傳播媒體的進展，由電視、電腦，乃至今日的全球資訊網（Internet），大眾傳播媒體的力量滲及社會各個領域，包括政治、經濟、文化……等等，形成一個複雜的結構體。大眾傳播可以說是與人類社會同步發展，甚至是引導且創造吾人的生活模式。廿一世紀人類文明的走向，高度科技化已是必然的趨勢，科技的發展勢必促使傳播媒體更加精密、複雜、多樣，連帶對人們的生活產生改變和影響，有鑑於此，而我們迄今對於這個影響重大的趨勢之知識基礎的探討尚嫌不足，因此筆者興起了進行這個研究計畫的念頭。

　　從哲學的角度為大眾傳播媒體的發展提供思維架構的釐清，當屬必要，亦是我輩從事哲學工作之人應盡的努力，筆者深切的期盼基礎問題的釐清與創建這樣的研究工作只是一個起點而非終點，畢竟大眾傳播的哲學問題尚牽涉倫理學與經濟學的整合研究，以及理性心理學與社會學、心理學的整合研究，這都不是在短短的一年光陰中憑藉著一己之力所能完成。更有甚者近年來全球資訊網（internet）蓬勃發展，

註 1：請參見拙著《思考的軌跡──論馬里旦知識等級說的融合問題》
　　　1998 年 2 月出版。

其效率與速度更非個人有限之學識所能處理，筆者在本書中，僅是將天主教哲學的基本觀念能夠對大眾傳播的知識論基礎探討有所助益及具有功效的部分作出剖析，而後續的工作仍盼有德有能者能持續進行。

導讀──大眾傳播理論與知識論

第一節　緣起

　　現今社會因著科技發達，媒體（包括平面、電子媒體以及網際網路等）早已成為傳播知識和訊息的重要工具。在大多數的情況下，人們都不是直接面對事物，而是透過報紙、電視、網路等各種媒介物來獲得訊息、吸取新知。

　　天主教教會對於大眾傳播迅速發展且日形重要的這個趨勢早有相當的了解以及掌握，這點我們從教宗若望・保祿二世（Pope John Paul II）在世界大眾傳播日的文告中可以清楚地看出，教宗說：「……現今教會不能忽視大眾傳播對社會大眾的影響，非但不能忽視，我們應當以更加積極的態度來面對。」[註1]而本書正是在教宗文告的指引下，對

註1：教宗若望保祿二世於 1989.5.27 在世界大眾傳播日之文告。

　　　(This statement has been issued by Pope John Paul II in connection with world communications day, May27, 1989.

　　　The Church Must Learn to Cope With the Computer Culture）

　　　教宗首先談到電腦科技與教義是相合的：

　　　「In one of her Eucharistic Prayers, the Church addresses God in these words: "You formed man in your own likeness and set him over all creatures."

For man and woman thus created and commissioned by God, the ordinary working day has great and wonderful significance. People's ideas, activities and undertakings—however commonplace they may be—are used by the Creator to renew the world, to lead it to salvation, to make it a more perfect instrument of divine glory.」

其次教宗便論及教會應當善加利用電腦科技的發展：

「It is clear that the Church must also avail herself of the new resources provided by human exploration in computer and satellite technology for her ever pressing task of evangelization. Her most vital and urgent message has to do with knowledge of Chirst and the way of salvation which He offers. This is something she must put before the people of every age, inviting them to embrace the Gospel out of love, ever indful that "truth cannot impose itself except by viture of its own truth, which wins over the mind with both gentleness and power".

As the wisdom and insights of past years teach us; "God has spoken to humanity according to the culture proper to each age. Similarly the Church, which in the course of time has existed in varying circumstances, has used the resources of different in her preaching to spread and explain the message of Christ".

"The first proclamation, catechesis or the further deepening of faith cannot do without the (means of social communication)……the Church would feel guilty before the Lord if she did not use these powerful means that human skill is daily rendering more perfect. It is though them that she proclaims 'for the housetops' the message of which she is the depository".」

大眾傳播媒體的本質進行深入研究,更確切地說是分析大眾傳播媒體對認識作用的影響。從認識論（Epistemology）的角度來說,媒體就是人類認識世界的工具,而媒體的日新月異象徵我們的認識工具不斷的在改變,這種因著工具的改變而使認識過程產生了本質上的變化。人類的認識作用隨著（認識）媒介物而改變致使傳統哲學的抽象理論（所描述的抽象作用）已無法提供完整解釋。有鑑於此,吾人認為有必要深入探討大眾傳播理論的認識論基礎,並據以合理地解釋大眾傳播媒體的認識功能及其影響力。

　　大眾傳播理論的研究目標是在於理解如何發展對周圍物質世界和社會的認識,語言提供了一種概念思維的有效手段,並且增加了從他人獲得知識的能力,人通過媒介化的傳播來得到知識,縮小客觀自然現實與個人主觀內心意識之間的距離。簡言之,大眾傳播理論的認識論基礎,探討人如何了解外在世界,也就是知識論的核心問題:研究人如何運用抽象、推理和分析能力認識外界實在,只是在探討大眾

最後教宗更談到要我們不分男女老少不要忽視新科技的發展,而且更應該使之增強我們的信仰:

「Whether we are young or old, let us rise to the challenge of new discoveries and technologies by bringing to them a moral vision rooted in our religious faith, in our respect for the human person, and our commitment to transform the world in accordance with God's plan.」

1994 年教宗同樣在世界傳播日的文告「電視與家庭:良好觀點的導引」「Television and The Family: Guidelines for good viewing」Pope John Pull II message for 1994 World Communications Day, which is observed May 15.就已經宣示天主教會對當代大眾傳播媒體的重視。

傳播理論的認識論基礎將更專注的討論人如何通過媒介化的傳播來得到知識。

大眾傳播理論的認識論基礎探討，所觸及的是知識論核心問題——「人如何了解外在世界」。在認識的過程中，語言提供了一種概念思維的有效模式，並增加了從他人獲得知識的可能性。這種「將自己所知者告訴他人」可以算是一種最原始的傳播模式，在人類文明的發展過程中，試圖透過傳播來得到更多的知識，問題是傳播如何成為可能？人是否有辦法縮小客觀自然現實與主觀內心意識之間的距離，其實是存在著懷疑的空間[註2]。

「人如何了解外在世界」這個知識論核心問題，主要在研究如何運用抽象、推理和分析能力認識外界實在，從大眾傳播理論的角度來看是把焦點集中於討論人如何通過媒介化的傳播來得到知識。這是因為當代大眾媒介的大量使用，使得媒介化的問題，在探討如何了解外在世界的過程中日益重要，也就是說媒介化的傳播是現今大多數人了解外在世界……客觀現實的主要工具，其知識的基礎原理尚待充分揭示。

註2：「古希臘懷疑論者曾提出三個著名的命題：
　　一、世上無物存在。
　　二、即使存在，吾人亦無法認知。
　　三、即使認識，亦無法告訴他人。
　　這當中第三個命題便是直指知識傳遞的不可能性，西方哲學，特別是認識論一直將此三個命題視之為非常嚴肅的課題，許多哲學家如笛卡兒（Rene Descartes）也都試圖提出解答。」

第二節　範圍與界線

一、研究內容與目的

　　近年來，科技整合的觀念受到很大的重視，吾人希望這份研究能獲得跨學科（特別是傳播學界）的共鳴。如前所述本文是以天主教哲學的理論作為核心，進行大眾傳播理論的認識論基礎之探討，並進一步對現今傳播學界廣為接受與應用的傳播理論進行反省，釐清其探討的範圍與限制，分析其對人類認知方式的影響。

　　為了進行大眾傳播理論基礎的研究工作，並為其認識論建立可行性，所以必須在研究的課題上作謹慎的選擇，筆者試圖尋找一個為大眾傳播理論界認同其有效並與其研究相關，同時該課題又必須屬於知識論研究範圍，故在眾多相關的研究議題中特別針對「訊息傳播的真實性」與「新聞報導的客觀性」進行研究，至於與「訊息傳播的真實性」、「新聞報導的客觀性」並列為大眾傳播理論研究三大課題的「新聞報導的倫理問題」因為與其直接相關的乃是哲學中的倫理學，而非上編研究中認識論的研究範疇，因此在文中只從社會體系的角度論述大眾傳播媒體在商業競爭的壓力下，如何兼顧求真與客觀。

二、研究精神

　　如上文所述大眾傳播理論基礎的認識論探討，乃是處理大眾傳播理論研究三大課題中的「訊息傳播的真實性」、「新聞報導的客觀性」，這兩個課題都與哲學研究中的知識論直接相關，而知識論又屬於完整哲學研究體系最重要的一環，想要進行如本書主旨所述的整合研究，

所需要的不但是對大眾傳播理論近百年的研究成果能有具體認識與掌握，同時必須兼具縝密的哲學訓練以及整全人文的關懷以便進行全面性的反省思考，而這種要求正是天主教哲學訓練與關注的重心，因此本書將發揮天主教哲學此特有之融合精神[註3]。

在具體的工作上，上編的研究將由現今傳播學界廣爲接受與應用的傳播理論入手，在釐清其範圍與限制後，再進一步引入知識論探討。相信在針對「訊息傳播的真實性」、「新聞報導的客觀性」深入探討後，將能闡明天主教哲學知識論的現代意義與價值。

註3：馬里旦（Jacques Maritain, 1882-1973）這位當代法國重要的多瑪斯學者，在其主要著作《知識的等級》（ *Degrees of Knowledge* ）中開宗明義地說：「沒有人能夠比那些進入融合的人更加懂得真正的區分」。這句話畫龍點睛地說明了馬里旦立論的基礎—天主教哲學—多瑪斯傳統，此傳統之所以能夠長期發展並持續具有創新精神的重要原因之一，就在於除了本身內涵的力量外，同時亦不斷地對其他哲學體系所提出的哲學問題提出回應，並藉由這個過程進行融合與再創。本文立論的基本立場是根據這個基礎進行探討的，即天主教哲學傳統中的綜合精神在當代新天主教哲學的發展歷程中，仍然持續是天主教哲學內的再創與振興的動力。

第一篇
當代傳播理論的主要問題

第一章　傳播理論發展的主要課題

第一節　歷史回顧

　　生活世界不斷地變化，有時看似平凡無奇的事件，卻對人類文明產生了關鍵性的改變。報紙、收音機、電視機和電腦之進入家庭對大多數人而言可能只是日常生活技術性的變化，很少人能想像這些事物將在未來世界扮演革命性的角色。

　　十六世紀古騰堡發明印刷機在西方文明史上是一個重要的里程碑，由於印刷技術的進步使歐洲各國得以使用自己的語言文字來出版書籍，也因此讓書籍更加普及化，從而引起廣泛的學習與閱讀興趣。在傳播理論研究的領域裏通常都把這段歷史視之為傳播媒介與原有社會結構相抗爭的濫觴。

　　傳播理論之討論當代大眾媒介的發展，主要是將焦點放在報紙上，雖然有關於報紙的觀念在歐美早已產生，但傳播理論所謂的大眾傳播工具更確切的是指能夠廣泛發行的廉價報紙而言[註1]，因為這意味著快速印刷和分發的技術已經成熟，民眾能夠以很低廉的價格獲取消息，使資訊能夠充分流通，改變過去知識僅限於少數上層人士獨享的

註　1：DeFleur M. & Bau-Rokeach S.: Theories of Mass Communication PP.53-63。

現象，因此對傳播理論之研究而言，報紙是第一個真正具有「大眾傳播」功能的媒介。這段歷史也使我們瞭解傳播理論做爲一門新社會科學的屬性，畢竟「報紙」是在 1930 年代中期，紐約市發行的「一分錢報紙」（The Penny Press）方才成爲第一種真正代表大眾媒介的形式問世。我們仔細觀察報紙發展過程，1930 年代起大眾報紙的業務便發展的十分順利，而且在幾年內這個成功的模式就迅速地擴及於美國本土以外的世界各地。報紙的成功所代表的乃是技術與概念的結合，而且是在各種文化因素於社會條件積累成熟後產生。報紙與之後發展出其它各種的媒體事業，都表現出了結合上述因素的這項共同特質，由於媒體融入社會大眾的生活，也成爲社會結構的一環，無論是在經濟層面、政治層面還是教育體系都在大眾傳播時代來臨的二十世紀初結合爲一個多面向的複構體，我們已經無從分割各個面向進行單獨理解，也就是說，所謂的認識本質或者是認識現象，已經不再如同媒體作爲社會系統一環之前的那般，這是在進行當代傳播理論分析時不可不慎的前提。

　　社會科學家曾經針對爲何新媒介較之歷史上任何早期社會的傳播過程都遠爲有效進行探討而整理出的四個因素：（1）表達性（Expressiveness）；（2）記錄永久性（Permance of record）；（3）迅速性（Swiftness）；與（4）分布性（Diffusion）[註2]。他們指出新的大眾媒介由於其在社會中廣泛被接受與使用，使得這些媒介不僅影響社會

註 2：C. H. Cooley ：「……表達性（Expressiveness），它們能傳送範圍廣闊的思想和感情。記錄永久性（Permanence of record），即超越時間。迅速性（Swiftness），即超越空間。

分布性（Diffusion），即能達到所有各階級的人們。……四個因素使新媒介比任何早期社會的傳播過程都遠爲有效」

互動的方式同時也影響個人心理觀念的形成。雖然以今日的事實看來，傳播媒介並未如早期社會學家所預期的那般完全消弭人與人之間的隔絕，甚至反而有更多問題隨之而生；然而意識到大眾傳播將引起社會組織和功能的重大變化，如今看來實在是洞燭先機的真知灼見[註3]。

　　當代大眾媒體事業是一個興起於 1930 年代開始，至今仍方興未艾，由此我們不難想見傳播理論的研究更是一門新發展的學科，作為一個年輕的學科而且在該門學科中許多的重大事件都發生在當代，大眾傳播理論必然未達完全成熟的階段，尤其要將其納為正式的社會學科，更是需要時間的累積與沉澱，有鑑於此，更深入與廣泛的研究對大眾傳播理論之進一步的發展實屬必要。

第二節　傳播理論的性質

　　大眾傳播理論正處於新學科創立階段，新學科通常需要時間逐步確定其研究範圍、建立組織及研究方法，且確認研究基礎，建立知識標準，事實上，諸多學科的發展都經歷過這種成熟的過程，最早是物理學，物理學學科的知識根源在數學、宇宙、物質；而十九世紀社會科學的知識根源可追溯至古代哲學討論社會正義與社會秩序的理論；又如心理學學科的知識根源可回溯至試圖理解心物問題的哲學討論。因此，瞭解學科本身的知識根源顯得格外重要。茲分析如下：

註3：同註1， PP.137-160。

一、依循原理

　　大眾傳播理論依循的原理在普遍意義上是屬於知識積累的一部分，這是大眾傳播這門學科的特殊性，因此，在研究時必需充分認識「符號－話語－文字－印刷－現今的大眾傳播」這個運動過程。及其所揭示每一階段變化帶給人類生活的革命性變化。大眾傳播理論的研究方法本質上必須依賴分析研究語言和文字，而同時又不能只停留在分析研究語言和文字。

二、研究方法

　　大眾傳播理論研究方法依賴分析研究語言和文字。研究語言是為理解詞語符號的性質、慣例、意義、理解、對受眾產生之影響，以及透過語言獲得知識與行為間的關係，也就是說通過人使用語言得到共同意義理解傳播是如何發生；至於研究文字是將文字視為貯存、再現和交流信息的社會系統來理解，這是大眾傳播理論研究方法根本上依賴分析研究語言和文字的主要原因。印刷的發明擴展了文字使用，書籍為學術研究、知識發展的基礎提供了記錄、交流和傳佈的媒介，而印刷——書籍擴展文字使用，以文化的通俗性質促進知識發展的過程，對於大眾傳播學作為一門發展中的新社會科學實屬必要。

三、研究目標

　　大眾傳播理論研究的目標在於理解如何對周圍物質世界的認識，大眾傳播理論的認識論基礎是探討知識論核心問題——「人如何了解外在世界」，研究如何運用抽象、推理和分析能力認識外界實在，

與一般關於此問題的傳播理論之研究相較，從認識論的角度入手是更專注的討論如何通過媒介化的傳播來得到知識。因為當代大眾媒介的高度運用，使得媒介的問題在探討如何了解外在世界的過程中日益重要，也就是說媒介化的傳播是現今大多數人了解外在世界——客觀現實的主要工具，然而由於大眾傳播理論正處於新學科創立階段，一個新學科需要長時間才能得到其他學科承認，原因在於通常新學科需要時間逐步確定其研究範圍、建立組織及研究方法，而且在創立階段首重研究基礎的確認，並據此建立知識標準，了解該學科的知識根源，等逐步成熟發展後，回顧這段知識積累過程，當可清楚辨視古今研究者前撲後繼的研究成果，先行者尋求發現原理，後繼者運用原理確立學科之合法地位，以及提昇知識探索的效率，且其知識的基礎原理尚待吾人加以澄清與說明。

有鑑於大眾傳播理論作為一門社會科學未達完全成熟的階段，大眾傳播理論研究者努力積累大眾媒介對生活中心理、道德、政治、經濟、創作、文化及教育諸面向所具有的影響。大眾傳播理論研究者，用社會科學的方法科學進行邏輯性的定量分析。社會學家，心理學家，新聞工作者以及語言學者從各種不同的角度冷靜地研究大眾媒介在我們社會中所扮演的角色，可以預計他們的研究將有助於完整地了解大眾媒介與它們所運作的各個社會的關係。

四、研究任務

在研究的過程中吾人發現，傳播理論有二項主要任務：

任務一為：「積累有關媒介對受眾影響力的相關研究資料，嘗試以較為確實的證據取代情感上的推測，這其中包括提供充分數據，以

做爲討論大眾傳播的基礎」[註4]特別是討論新聞報導的倫理問題時，用確實證據取代情感推測對於瞭解真相實屬必要。大眾媒介作爲社會系統的一環，有其應負的社會責任，而論及社會責任便相對突顯出確實證據的必要性，透過媒介傳達的訊息對於受眾所產生的影響乃是無庸置疑的，只不過對於這樣的影響究竟是好是壞，則有不同的評價。主張媒體當承擔負面責任的人士認爲，大眾媒介降低了公眾文化情趣，促使世風日下，誘使民眾陷於政治膚淺的境地，抑制民眾創造力，增加犯罪率[註5]……等等批評，不一而足。

至於持肯定觀點者則主張，大眾媒介揭露罪惡與腐敗[註6]，保障言

註 4：ibid.。

註 5：暴力文化透過電視、電影、電子遊戲以及網際網路等傳輸，對整個社會造成危險的後果。1999 年 4 月 20 日，美國科羅拉多州兩名高中學生犯下美國歷史上最大的校園屠殺案，在五個小時的挾持中重傷 23 人，殺死 12 個同學，1 個老師，最後也殺死了他們自己。據悉他們非常熱衷於電腦遊戲，每天都要玩上好幾小時，這兩個男孩把個人電腦當中的遊戲背景修改成像自己學校的走廊，模擬射擊、殺人……等。《時代》雜誌列舉他們當天所使用的武器和炸彈，看起來正像遊戲說明書所寫的一般，據他們的好朋友說，他們好像進入遊戲程式一樣。98%的美國家庭至少有一架電視機，電子遊戲已成為 65%的美國家庭必備的娛樂，然而根據研究電子遊戲與兒童關係的專家表示，很少父母了解這些遊戲的本質，暴力電玩讓年輕人對殺人沒感覺，電腦遊戲程式成了一種非常危險的媒體，其是否直接或間接造成青少年犯罪深值憂慮。

註 6：有些人願意承認媒體的暴力內容助長侵略行為，但否認它會助長犯罪。幾十年來，許多人都不理會研究報告所稱的媒體中的暴力

論自由、告知訊息，促進文化普及提供勞動群眾娛樂，並通過不促銷產品來刺激經濟使生活更加充裕。

由此我們可清楚預見雙方在確實證據出現前仍將爭論不休，也因此更說明了此項任務的重要性。

任務二為：「解釋傳播過程的基本性質，正確的描述傳播過程，估量大眾傳播理論的地位」。註7

此乃針對如充分數據提供評價不同環境和控制條件下大眾傳播系統的基礎。在不同的政治結構、經濟制度和歷史文化環境中，雖然大眾傳播本身結構形式不同，數據仍然可以提供比較研究的基礎。理論上來說大眾傳播在自由開放與專制封閉的國家社會裡所扮演的角

促成文化中的暴力，不過這個現象經過九〇年代後期的許多專業研究發表之後已有大幅度的改變。1952年美國國會首次舉行電視與暴力聽證會以來，陸續有許多這方面的研究，例如，1992年，美國醫學學會發表一份報告，指出全世界幾乎所有地方，在電視出現十五年後，兇殺案都增加一倍。1998年，「全國電視暴力研究」公佈其三年的研究結果，認為60%的電視節目含有暴力，而且「透過電視觀看暴力很可能有害」。新聞中經常出現仿效式的兇殺案，媒體暴力的影響實不容小覷。不過，由此正也說明大眾傳播作為一新興學科的特性，它的許多影響還在變動中，就連專家學者都無法作出絕對的定論，遑論一般社會大眾。由於生活中已無法缺少傳播媒體，因此也就不認為媒體有什麼負面效應。好比過去在1950年代左右，吸菸被視為很有魅力一般，然而自從1964年美國公共衛生署報告指出吸菸與癌症有關之後，人們對吸菸的看法就改變了。我們不在准許電視播映香菸廣告，大多數公共場所禁止吸菸，香菸業不得不負起社會責任。

註7：ibid.

色及發揮的影響力不盡相同，不過這屬於另外一個重要的課題，在此
無法著墨太多，此處乃是強調數據資料即使在不同的社會環境、政治
結構、經濟條件和歷史文化中，仍然可以提供傳播理論一個研究比較
的基礎，因此，如何藉由可信的數據資料，分析其所蘊含的意義，並
在傳播的過程中正確地反映出事件真相，正足以顯現本身的重要性。

第二章　傳播理論的任務與典範

第一節　傳播理論的研究任務

　　廣義的傳播學有著古老的歷史，其相關討論則散見於各學科的重要著作中。然而如前文所述，截至目前爲止，多數人仍有「追求傳播的效果遠甚於理論的研究」這樣的觀念，也就因此，大眾傳播要建立起本身的研究標準不甚容易，從而造成大眾傳播理論研究與其他學科之間存在著某種程度的落差。

　　雖然從認識論的向度探究大眾傳播理論是一項新的嘗試，然而認識論基礎探討並不偏離大眾傳播理論研究的主要任務，究實而言，大眾傳播理論研究的主要任務在於解釋傳播過程的基本性質：正確的描述傳播過程，估量傳播理論的地位。評價大眾傳播的性質和影響：分析社會是怎樣影響其大眾媒介，以及媒體用何種方式影響受眾的信念、心態和行爲；系統地探討大眾傳播是如何產生，在原理上如何不同於直接的傳播；探討大眾傳播如何能重新協調社會的通例和準則。更有甚者由大眾傳播理論的認識論基礎探討，將可把大眾傳播理論研究的任務具體呈顯爲傳播理論研究的三大課題：（1）訊息傳播的真實性；（2）新聞報導的客觀性；以及（3）新聞報導的倫理問題。

第二節　傳播理論的研究典範

　　社會科學的研究尤其是理論科學，大體上都會有典範的存在，不管是人為造作的事先設定或者是自然發生的「典範」（Paradigm）似乎形成理論科學的一個特徵，我們從孔恩（T. Kohn）的研究中了解典範研究的重要性，但同時我們必須理解典範研究的意義何在。典範研究必須先預設其所使用的研究方法，而非只是設立典範即可[註1]，在本研究中礙於篇幅與研究主題或將不能詳細的探討這個課題，但這是一個極其嚴肅的基本科學問題。傳播理論研究大眾傳播的過程和效果，每一個不同的傳播理論研究由於不同的理論預設與使用的研究方法，產生了不同的研究典範，目前最常被引用（但是否最重要尚待斟酌）的研究典範，主要是綜合自心理學、社會心理學和社會學等領域的典範，譬如說社會學研究一個社會如何維持其穩定的機制、社會隨時間而變化的過程、社會衝突的性質和意義與人際相互作用的形式，而傳播理論則廣泛應用社會學典範來研究媒體與社會以及大眾傳播的過程便是最好的例證。又例如傳播理論在研究個人行為，怎樣選擇和領悟媒介訊息，以及怎樣受媒介訊息的影響，通常使用心理學典範，而這些典範主要是來自行為主義的學習理論與精神分析學派的分析模式。

　　不過這仍稱不上是社會科學嚴格定義的「典範」，因為所謂嚴格定義的典範是要求每個學科必須按照自己的理論假設與方法來進行研究從而發展出自己的「典範」。而目前傳播理論的理論假設，很多是來自於其他學科依據該學科假設所得致的暫時性研究成果，並不是

　　註 1：參見孔恩著《科學革命的結構》與《必要的緊張關係》。

「大眾傳播理論典範」，簡言之，是一種二階理論的運用，雖然這並不意味著傳播理論研究本身失去價值，但其侷限性是進行傳播理論時必須先有所認知的。

事實上我們從傳播理論最廣爲應用的心理學模式——認識論典範中可以看出，傳播理論研究需要有關態度、信念、領悟、需要和滿足等之理論。若傳播理論自身企圖成爲一門社會科學，就必須符合成爲社會科學的條件，然而一門社會科學如何能夠成爲嚴格的科學，是要模仿自然科學的方法，還是採用別的定義一直是個爭論不休的問題[註2]。在本研究中將不去討論這相關的爭議，我們是從當代大哲學家波

註 2：轉載於王超群著，《思維解密》：

社會科學方法與自然科學方法，兩者間的重要差異在於：自然科學中，一個適當的說明（adequate explanation）模式必須符合：

普遍定律（general laws）L1，L2，……Ln

先行條件（antecedent conditions）C1，C2，……Cm

由前二者推論構成

　　　　　→待說明事件　E

並滿足下列要求：

　　R1　普遍定律必須得到高度驗證(highly confirmed)

　　R2　先行條件必須為真

　　R3　由 L1，L2，……Ln，C1，C2，……Cm 推出 E 的推論必須正確

但在社會科學中的說明是否也必須符合上述模式且滿足上述要求？主要的爭論在於：（1）主張社會科學的說明不必使用普遍定律，因為有關人類社會的事件都是獨一無二（unique）而不會重覆出現的（unrepeatible）；（2）即使能夠用上述模式來說人類的行動，在多數情況此種說明不具備有推測的效能。這種主張因為

柏（K. Popper）有關於社會科學的論點中出發[註3]，在波柏的論點中我們可以清楚看出，社會科學如果要作為嚴格意義下的科學，就應當如同其它學科一般符合理論設計與運作必須驗諸實際的功效，接受理論有成功同時也有失敗的可能性。而且社會科學的理論和其它學科所採行的衡量標準與比例也必須作到完全相同，對於所關注的問題與所具備的價值、意義、興趣也都必須相同。也就是說用同樣的誠實、直接和簡單的原則來處理其面對的所有問題。

其無法適用於普遍定律，則無法符合上述模式。因而不具備推測的效能。其理由如下，除了極端的行為主義者外，一般都會承認人類行為的動機可用來說明其行動。……「某甲為甚麼會採取行動 A?」的說明。含有兩項先行條件：

Ci：某甲欲達成某一目標 D

Cj：某甲相信採取行動 A 有助於達成目標 D

模式：

$$L1, \quad L2, \quad \cdots\cdots Ln$$
$$C1, C2, \quad \cdots\cdots Ci, Cj\cdots\cdots, Cm$$

推論→E：甲採取行動 A

在許多情況下，我們是依據某人的行動及其信念來推斷其有何種慾望，或依據其行動及慾望來推斷其信念。換言之，依據 E 和 Cj 來推斷 Ci 或依據 E 和 Ci 來推斷 Cj。在此情況下，我們必須先知道待說明事件 E 已經發生，才能推斷其先行條件 Ci 或 Cj 為真：而不能先知道 C1……，Cm 皆為真，然後推測 E 為真。這樣的說明，儘管仍能滿足 Rl-R3 三要求而為妥切的說明，但並無推測的效能。

註3：關於波柏的科學方法的社會實踐面應用可參見由 A. Glyn & F. Frisby 所編譯的 *The Positivist Dispute in German Sociology*。

　　社會科學的特殊性在於社會科學的研究必須面對生活裏的實際問題，如貧窮、政治制度及運作、人權尊嚴等問題，社會科學的理論主要都是由研究這些實際的問題開始。所謂科學理論的起因都是源自研究者發現問題的特徵和性質及對其大膽、獨特的建議性解決——這個研究過程決定了科學成就是否具有價值，所以說「問題」就是思辨的起點，也同時是理論設計的起點。所有的觀察都只是在顯露出問題，也就是說只有實際發生的問題帶給我們驚訝、只有它呈現出實際出現的某物並不完全符合於既成的知識與理論、並與觀察者的期望背離才是思考的起點，只有當觀察的對象、事物與無論是有意識或無意識的期望相衝突，這樣的觀察才能創造問題，而且才構成科學工作的起點，因此我們可以說觀察創造了問題。

　　誠如上文所述，傳播理論研究作為嚴格科學意義下的科學，在目前看來似乎尚未達到成熟的階段，不過從理論設計的角度看來是極為自然的發展情況，因為傳播理論本身是對於其他學科研究成果的運用，自身理論設計的基本問題與研究範圍都尚未有較為完整的共識，如果社會科學是移植自然科學的方法與典範，傳播理論則是對社會科學研究的方法與典範進行移植。在社會科學作為純粹嚴格科學都尚有歧義的今日，傳播理論研究的基礎更有待深入的研究與發展，本書正是建基於這個基礎開始進行思索與探究，我們發現了傳播理論理論本身所應用的方法與典範，都是經過二度移植，想要利用這樣的理論基礎來建立一門社會科學是具有相當的危險性，因為如此一來，傳播理論作為一門學科並沒有屬於自己的問題與方法，樂觀來說，它是尚未發展成熟的新學科，但若以較為嚴肅的態度面對，這會令人質疑傳播理論作為一門獨立學科的必要性。作為一門社會科學首先必須追問的是研究的範圍與研究的限制，但如上所言由於傳播理論本身是各種不

同學科研究成果的複合體，所以要釐清傳播理論研究的範圍與限制仍然是有相當程度的困難。

　　然而就大眾傳播對於社會的影響這種無可否認的效果，傳播理論研究的尚待發展性就不證自明，本研究之所以聚焦於討論傳播理論的知識論基礎正是著眼於此。

第二篇
傳播理論的知識論基礎問題探討

第三章　傳播理論的知識論基礎

第一節　知識論核心問題「人如何了解外在世界」

　　前文已言，傳播理論是一門新興的社會科學，所以其研究方法、對象與範圍都尚在發展中，本研究正是因為體驗到這個問題，為了讓傳播理論的研究能更進一步的發展因而進行其知識論基礎探討。傳播理論的知識論基礎探討，主要是針對「理解人如何對周圍物質世界產生認識」這個論題展開，所觸及與處理的乃是知識論核心問題：「人如何了解外在世界」。

　　「人如何了解外在世界」這個知識論核心問題，所探討與研究的是人如何運用抽象、推理和分析能力認識外界實在，其與傳播理論的研究範圍實屬相同，只是傳播理論更加專注的討論人如何通過媒介化的傳播來得到知識。為了進行深入的傳播理論的認識論基礎探討，在本研究中把傳播理論研究的任務具體呈顯為傳播理論研究的三大課題：訊息傳播的真實性、新聞報導的客觀性以及新聞報導的倫理問題，因為由此三大課題入手較能清楚的掌握思考的軌跡，避免浮濫的教條性宣誓，其中有關於訊息傳播的真實性與新聞報導的客觀性更是與知識論的探討密不可分。

在知識論的領域裏，所關心的乃是人的主觀心靈如何獲得對客觀現實世界的理解，而這也是西方哲學自古以來的中心問題。這個問題涉及人如何自我認識與認識外物，這是人存在最基本的狀態與條件，在傳播理論的研究範圍裏，由於關心傳播所以更必須關心這個「人類如何能傳播」的最根本問題。因為如果不能發展、表明和約定有關客觀現實以及清楚理解自身的主觀意識則很難有傳播的進行。思想、現實與關係這些問題再加上人們如何彼此了解，在傳播理論研究的範圍當視之為如同人類生存一般的核心問題。所以我們有必要深入的探討知識論的基本命題：「我們如何了解」，這一個古老問題包含了三層意義，第一層是通過感官接觸外在世界並加以命名。第二層是觀念的形成與依循的法則，觀念的形成不僅是個人行為，同時也是社會協定，而且也必須遵循某些自然的規律。第三層則是精神與現實的關係，即知與行的關聯。

觀念（Idea）是知識論探討的起點，也是所有人類知識討論的基礎，當然也是傳播理論的起點。觀念代表了人心與現實相聯繫的方式，為人提供了對物質環境和社會環境中事物、狀況和各種關係的主觀內心經驗。我們在西方觀念論（Idealism）的始祖柏拉圖的「洞穴說」中可以看到相關的討論，柏拉圖筆下的穴居人自幼即被鏈條固定，所看到的都是間接的認識註1。今日我們對外在世界的認知，與那

註 1：傳播理論學者在討論知識論問題時，非常喜歡引用柏拉圖的學說，如 DeFleur M. & Bau-Rokeach S.在 *Theories of Mass Communication* 一書中曾大篇幅的引用柏拉圖原典並討論：「他然後讓讀者繼續想像那些人自童年時就被鎖鏈固定，只能直視前方。在他們的後面建築了一堵牆。那些人面朝另一方，看不到牆，牆後有一條平行的路徑，有人來回行走，手持剛剛高過牆的物體，如動物

些穴居人差可比擬，我們從電視機上或從電影院放映影像的螢幕上，或從印刷物上得到的信息構造共有的意義，而通過媒介產生的認識與

和人的雕像。在他們後面則是一個熊熊燃燒的火堆，明亮的光反射到對面的穴壁上。由於這種佈局，行走的人們手持的物體投射出影像，產生出被鎖鏈拼住的人們能夠看到的像皮影戲一樣的幻影。他們可以談論影像，但他們看不到真正的雕像或移動它們的人們。

柏拉圖還給他的像加了音響。他說，假使手持物體的人們隨意交談，但洞室投射影像的牆壁發出回音，所以被鎖住的人只會以為所聽到的聲音直接來自影像。他所提出的問題是：被鎖住的人從他們透過感知的影像可以構成什麼意義呢？柏拉圖認為這樣的囚犯不管怎樣都只會相信他們所看到的影子是現實。他認為他們會根據這些意義的共同規則建立自己的生活；他們會給不同影子起不同的名字；他們會尊重和贊揚那些能銳眼識別穿梭影像和對影像過往秩序記得最牢的人；他們也許會獎賞能夠最準確預測後面將出現什麼影像的人。

柏拉圖說，假設他們當中的一個人現在突然解脫鎖鏈，可以看到牆、通道、穿行者、他們手持的物體、火堆——整個製造影像的客觀現實。這才明白，他原先看到的不過是幻象，現在經歷的才是先前世界的真實意義。當然，他最後會得到重新訓練意識並理解他如今所接觸的新世界才具有現實的客觀性質。

但是如果把此人送回洞室，再次固定在先前的位置上，試問將會發生什麼呢？柏拉圖還要讀者試試預言，當此人企圖向先前的同伴解釋說他們所看到的不是現實，而只是真實世界的影子時，會發生什麼？其他人會怎樣反應？柏拉圖確信他們會把他的解釋當作瘋言瘋語加以拒絕，笑話他，而且，如果他試圖解脫他們的鎖鏈，讓他們經歷他所發現的新現實，他們會殺死他。」

現實世界有沒有真正對應？始終值得深入探討。在一般傳播理論研究
所觸及的只是對此問題的質疑，並進行略嫌粗糙的歸納[註2]。未能再更
進一步深入的探討觀念如何形成以及觀念對認識作用的影響，傳播理
論一般探討僅止於理解，未進一步對人類的存在問題進行討論，人類
的認識作用是基於對客觀現實的經驗接觸，人的精神和它所得出的意
義之間的關係是透過感官而得，想像、觀念和解釋，即一般所謂的意
義是主觀地從感官印象構成的。同時由於研究人員通常關心大眾傳播
的效果甚於大眾傳播的過程，所以他們發展出的理論與觀念都傾向接
受認識的基礎原理是現實的意義和解釋是由社會所構成（這也是前文
所說的建基於其它學科的「典範」的例證）。如果接受這種說法，則
我們日常生活經由媒介轉述的世界不是現實本身，而是如同柏拉圖洞
穴說所描述那般，然而事實上媒體的發展在經驗事實上擴大了我們的
見聞，只不過感知到的仍是表述而不是傳統意義下的現實，關於這一
點正是傳播理論的盲點，大多數的研究者皆無法清楚的掌握這一個論
點，使其無法完整思考這個難題，或者即使觸及也是語焉不詳。

註2：例如 DeFleur M. & Bau-Rokeach S.在 *Theories of Mass Communica-*
tion 一書在討論傳播理論時將人類存在的問題歸納為五大原理，
就是略嫌粗糙歸納的最佳範例：
（1）我們生活在現實中，它包括客觀自然世界和我們尚未有一
致意見的超自然世界。
（2）人們發展出某種內心的表述形式來為現實提供意義
（3）人們對現實構成主觀意義有一個仲介過程
（4）我們的主觀意義和解釋指導我們的個人行動
（5）人類的行為方式要求有一個具有公正規則的起控制作用的
社會秩序。
這種秩序轉過來影響行為。

　　所以毫無疑義的傳播理論在知識論的探討方面是有待深化，傳播學者絕不能滿足於已發展了的普遍的意義範例（meaning paradigm）或其衍生理論，因為這絕大多數是來自當代社會科學發展的貢獻，而非源自傳播理論研究自身[註3]。

第二節　傳播理論的思考基礎「理解人如何對周圍物質世界產生認識」

　　在發展傳播理論時，必須以某種方式考慮上述原理，它們將幫助理解媒介內容在社會意義構成中怎樣起作用。實際上，這種理解現在還沒有超越涉及大眾傳播的幾個初步論點。另一個值得注意的問題乃是語言問題，傳播理論作為一門社會科學必須有自身的理論設計，理論的假設勢必涉及語言，同時語言又是大眾傳播的重要研究對象，所以語言研究自然是傳播理論研究重要的一環。也就是必須同時使用日常語言，也創造各種的人造語言。學科有自身的術語，一個觀念由日常語言的一般性瞭解轉向術語的設計，是精緻化的過程；由術語轉向日常語言則是通俗化的步驟。有些學科可以在內部的結構和發展上完全採用術語；有些學科必須擺脫日常語言；另外有些學科則介乎其間，在各種不同的程度和比例上參合著兩類的語言。一個學科愈依賴日常語言，則愈受到歷史文化和社會政治的拘束和制約，術語純度愈高的學科愈能擺脫文化與社會的束縛，發展成為純學理、或純理論的學科。由於大眾傳播是與政治、社會、經濟等條件密切結合的「複構體」，也因此我們可以看出傳播理論研究的理論深度的確尚未完全成

　　註3：ibid.。

熟。而且大眾傳播還與文化有著密不可分的關聯，而文化是人類的生活方式，文化成為傳統，主要是透過語言的保存和傳遞。人類的文化濃縮沉澱於日常語言中，所以不同的文化會發展出不同的語言，不同的語言也會保存著不同的文化，但傳播理論研究如果不能先釐清知識論基礎問題就直接切入語言學研究，則理論本身將呈顯龐雜而無章法的狀態，因為語言本身也是一個複雜的研究領域，所以我們應當在傳播理論研究的過程裏，首先將語言分析建構在間接求知的面向上，因為語言的功能在間接求知的過程裏確實非常重要，因為當間接求知時，對象並不直接給與，此時的思想活動通常都十分複雜，必須以精確的符號化來進行[註4]。

本書的企圖正是要說明傳播理論研究之進行知識論基礎探討的重要性，而且更要將天主教哲學持續發展的更張動力引進傳播理論的研究範圍。天主教哲學的基本精神正在於不牽動基本立場的相異，同

註4：參見 Bochenski, J. M.，*The Methods of Contemporary Thought*。記號學方法主要是討論有關語詞的「意義」，研究的對象──記號（sign），對科學方法來說確實必要，主要的原因是基於：

（1）科學是集體運作的工作，也就是說必須由許多人共同合作。由於要合作所以需要知識交流，要進行知識交流就必須用記號，尤其是口語使用的語詞。

（2）語詞是實在、物質的事件與對象。除了合作的問題之外，語詞能讓觀念清楚陳述，如此科學工作便容易進行，這是因為由於人心的構造對於依著物質的事物，容易瞭解。當然藝術活動也用記號表現思想。當代記號學方法的發展使我們瞭解，如果能夠在語法的層面上操作語言，便能使思想的工作容易進行。這種操作方法稱之為「形式主義」（formalism），之所以稱為「形式主義」是由於運作時不涉及記號本身。

時又能處理共同問題意識建立的基本工作。在上文的討論中，我們清楚的發現傳播理論在知識論方面的不足，我們之所以要引入天主教哲學除了筆者本身的立場外，主要是著眼於天主教哲學有完整的體系與良好的方法，能夠對傳播理論研究有直接的幫助，因爲傳播理論是藉助於各個不同學科研究成果的複合理論，不同學科表面上看來相互衝突或者是基本立場迥異的情況，在傳播理論領域屢見不鮮，如何將各種立場不同的理論融爲一爐實在並非易事，這是傳播理論研究者的重要課題，正如同上文所言，大多數研究者或者是缺乏哲學訓練以進行此種思考，或者即使觸及也是語焉不詳，但問題的存在並不因爲無知或者是混淆就自動消失，所以天主教哲學對融合問題無比豐沛的經驗正足以爲當代傳播理論發展的重要借鏡。下文中本書將更加深入的闡述如何以天主教哲學作爲中心探討傳播理論的知識論基礎問題。

第四章
天主教哲學知識論與傳播理論

第一節　當代天主教哲學知識論的發展

　　在本節中筆者將以當代天主教哲學代表人物馬里旦（J. Maritain）作為研究典範[註1]精要的說明十九世紀末至二十世紀天主教哲學知識

註1：關於如何以典範研究的方式切入天主教哲學經典研究的脈脈長
　　　河，請參閱拙著《思考的軌跡——論馬里旦知識等級說的融合問
　　　題》PP.19-57 導論及第一章，其中關鍵性的論述如下：
　　　「……代表基督宗教體系－天主教會傳統的天主教哲學，向來有
　　　與不同哲學體系相互融合的歷史傳統，故天主教哲學的融合精神
　　　成為了本文的中心，但天主教哲學體系龐大、歷史悠久，必須選
　　　擇較為適當的入手方式，才能使研討不致散漫，故本文具體的入
　　　手方式是，由當代天主教哲學代表人物馬里旦的認識理論來與當
　　　代……理論對比入手……以馬里旦的知識論為架構，作為新天主
　　　教哲學在當代發展的例證，並以此例證作為探討核心……不僅對
　　　於天主教哲學持續發展具有關鍵性……」
　　　「本文的研究性質是以提出理論框架的方式，進行假設演繹的流
　　　程，對於哲學問題的處理優先於與料的處理，由於馬里旦的著作

論的研究發展，馬里旦在其主要著作《知識的等級》一書開宗明義便談到融合的重要性「分散與混淆，同是人類理智天性的兩大仇敵。如果一個人不認識真正的區別，他也無法認識真正的整合，在有關知識與其豐富而又雜多來源的討論上，一切的努力，都應該是將之分別以便於整合。」^{註2}當代天主教哲學正是秉持著這個天主教哲學傳統的信念進行思辨研究，而在知識論上，馬里旦認爲人們最首要的任務與亟需達成的工作

就在於分清知識的等級、組織以及其內在的分別，然後再予以整合，拾級而上，所謂「一致中有分別，分別中有一致」，將構成全體知識的各個部分予以正確的區分。這種區分是非常必要的，因爲每一個部分都有其意義與功能；而藉由認識真正的區別，才能達到真正認識整合^{註3}。馬里旦對知識的不同等級加以研究，對科學群以及哲學在

甚豐，所關懷的問題亦頗為廣泛……以免因其龐大複雜的論述湮沒主旨……」

註2：見 Jacques Maritain, The Degrees of Knowledge, P. IX"To scatter and to confuse are both equally inimical to the nature of the mind. "No one," says Tauler, " understands true distinction better than they who have entered into unity" . So, too, no one truly knows unity who does not know distinction. Every attempt at metaphysical synthesis , especiallly when it deals with the complex riches of Knowledge and of the mind, must distinguish in order to unite ."

註3：馬里旦認識論的基本思想可以表述為：第一，人被賦予若干種知識，每種知識都有其長處與地位；第二，感性、理性、啟示和神秘的的統一，都做出了自己的貢獻；第三，確實區分物理學和自然哲學、形上學和神學，以及理性和超理性，就能調解它們各自主張之間的矛盾。

其各分科中的結構與方法加以探究，馬里旦之所以能夠如此是因爲他所依循的知識論方法乃是天主教哲學傳統大宗師多瑪斯（St. Thomas）有關抽象的基本理論。

多瑪斯的抽象理論基本上將抽象作用區分成三個層次：第一個層次是對個體的物質性進行抽象，在這個抽象層次中所探討的知識對象是屬於知識分級中物理學的階層，也就是一般科學研究的具體對象與哲學認識論的初階。第二個層次中是針對理智構作物進行抽象，而這種抽象對於理論的研究是絕對必要的，由於這個抽象作用的進行，數學、物理、邏輯等純理論工作才有了研究的對象。第三層次的抽象是屬於形上層次的抽象，在這個層次中，將第一層次與第二層次的抽象所研究的對象更進一步提升，捨去「形」與「量」而專門探討「存有」自身，第三級抽象所獲得的乃是形上知識，它的範圍是「存有」，以特殊「有」的型態來加以抽象，獲得其所具之超越觀念，如一、真、善等，並由此而構成了本體論。多瑪斯傳統的抽象理論主要是由具有形體的萬事萬物逐步向上分析；從可理解的「有」這個層級，逐步攀升到達超理解之「有」的層級，此「超理解有」便構成了探討「精神有」形上學的研究內容。

第二節　認識是為正確把握世界真相

知識論所關心的核心問題：吾人能否獲得知識？什麼是知識？如何獲得知識？儘管哲學史上的各派各系理論殊異長短互見，然於探討這些問題時，都不曾偏離認識最主要的目的就是要正確地把握世界的真相，主體所要認識的形形色色的客體便是存在於這個實在的世界中，換言之，認識作用大致上也可以從三種角度入手：主體、客體以

及主客關係。

　　就天主教哲學所遵循的亞里斯多德傳統，客體的範疇系統（category）亦即存在的法則；而主體亦有其思想法則，當主體的「思想」與客體的「存在」能夠一致，「思想」能夠把握「存在」時，便是獲得了正確的認識。因此主體、　客體及主客關係是認識行爲中最重要的三個因素，這種說法是實在論傳統的正統描述[註4]。實在論的知識是以經驗事實爲出發點，它將外在世界當作是一認識的與件（data），亞里斯多德將這種經驗事實的客觀性視爲一既有事實不需要再去反省批判。對於一個具有理知的人來說，使用感覺來因應那浸於可感覺者的對象本質，如同是天生適合之物般地恰當而自然。爲此，天主教哲學家說，有形體的本質乃是我們理解能力的共同對象。有形體的事物能夠進入理智的光明中，並且將它們的本質交付出來，讓抽象來把握它，最低限度，根據它的可理解性，顯現出「有」的一些限定。換言之，吾人的理知，深入於超客觀可理解性的汪洋中，開啓那些有形事物，以便將它的那深藏的結構，開發出來。並且在可能的範圍內，使那潛藏於可理解性的潛能，成爲現實可理解的。對事物來說，有兩種不同的存在，兩種存有的範圍：它們佔有一個自己的存在，那便是維持自己於「非有」（non-being） 之外；另一個存在，則是成爲在心靈中的被認知者。

　　註4：實在論傳統的正統描述，有別於如理性主義和經驗主義，是從站
　　　　　在主體的立場，探討我們能不能夠認識？如果能，是用什麼認
　　　　　識，而認識了以後所得到的又是什麼？而觀念論、實在論便是從
　　　　　客體來看知識，他們要問知識究竟是如何形成的？吾人的知識是
　　　　　否與客觀世界相符合？至於從主客關係來看知識問題的，則多如
　　　　　懷疑論、神祕論、不可知論⋯⋯等等。

　　思想之於事物，並非其拷貝或翻版，吾人之智慧係以形體事物之本質爲自然的對象，但本質並不直接地由自身方面爲吾人所直觀地把握，相反的乃是由己身所構成。自立體的本質是藉由依附體顯示，理知不能將此二者分開，因爲自立體與依附體是緊密相連的，理知雖然永遠超越依附體，卻也永遠依靠依附體。在可理解物的形式結構中，自立體的性質是可以爲吾人所認知的。這種認知並不是直接從內部，而是從外面，藉由自立體的依附體所表現而獲得。

　　知識的形成牽涉到事物（客體）與思想（主體）的關係。但思想並不是事物的拷貝或翻版，在事物與思想之間基本上是分離的，儘管認識事物，是在理知中形成一個「事物的替身」——概念，但那是以被抽象的精神性方式存在；事物在我們思想中存在的方式，就是它們被認識的方式，並不與事物在其本身中存在的方式一樣[註5]。

第三節　事物本身與存在方式

　　事物存在的方式與事物本身的分別，在知識理論中是很重要的。它使被認識的事物不因認識作用而有所減損或改變，同時也使得認識行爲中的認知者與被認知者「合一」。事物在被認知的時候，其本質

註5：此處所謂的「在思想內」或「在思想外」並非是實際的空間意義，而僅是文字的表述方式。通常觀念論者會就這個「在內」或「在外」中所喻意的空間意義有所批評。他們往往質疑，既然被認識的東西，都是在認識行爲之「內」被認識的，那麼我們就不可以說吾人能認識「外在」的事物，觀念論者藉口意識並不是一個圓圈，因此拒絕有所謂「在意識內」或「在意識外」的說法。

藉抽象作用而被攝取，因此事物能以抽象的方式存於認知者的理知中。此時，就認知者而言，是有物象的意識；就被認識的事物來說，是有意識的物象。這在名詞上可以說是兩件事，然而在認知的現實中，在認識的行為中，乃是合一的。思想與事物是有分別的，事物在它是思想的時候，並不是純粹的所是。在認知行為中，事物在其被認識的限度中，則不僅僅與思想相連結，甚至可以說是「合一」。因此，知識並非是事物的拷貝或翻版。

知識的關係，正如天主教哲學家所說：在認知的靈魂與被認知的事物中的關係，乃是一種實在的關係，因為它在心靈中放上了一個新的東西。然而在被認識的事物與認識的人之間，乃是一種理智關係，並不使被認識的事物有所改變。人的理知將事物原有的物質性摒除，使事物過渡到非物質性與共相性。人的理知處理事物，並予以改進，將之綜合、比較，一切的工作都是關於事物存在於理知中的條件，也是為使理知認識它們作準備。在認識的複雜過程中，事物的本質不變，事物本體透過概念，出現在人的理知中，為人所認識。

對天主教哲學來說認識是位格的活動，位格的統一性要求感官的物質活動與知覺是同一個意識的活動，人的知覺並不完全是物理性的行為，而是在主動悟性推動之下的感性的認識。多瑪斯主張感官接受物體的型式，不接受其物質，多瑪斯強調感性認識既不完全主觀，也不完全客觀。認識的行為是精神性，精神性的認識要求理智有返回自身的能力，即一般所謂的 「反思」（reflection）。反思能力先應與其對象分離，而分離要求肯定「我」是我，「對象」是非我。精神性活動的特性是內在，指活動的始與終皆在人靈魂之中，皆在意識中發生。主客合一是「能知」與「所知」的等同和統一。理智同時認識對象及返回自身，領會這能認識的主體，是有意識的自我，理智返回自

身時，同時認清對象與「我」對立分開，是「非我」，但二者同時呈
現於意識中。

　　實在論有關認識的學說，就是知識之客觀價值。客觀性要求客體
知識的客觀價值是建立於真理，即理智與客體存在事物、或理智與實
在之間的關係，人認識的客體既是從物質開始，人認識之客觀價值也
必從感性的認識而來。無論如何，客體因共有普遍物質的型式，能為
理性非物質化（主體化）而呈現主體內，但改變的是客體的型式，而
不是其內容。

　　認識的目的是為了獲得真理，而真理的宗成是在判斷中。多瑪斯
為真理所下的傳統定義：真理乃理知與認識事物的相符合。這個「符
合」應該被理解為理知以形式達到事物，非指理知與所知事物相等或
相同。當然這會產生符應的問題，當理智稱對事物，並將它納入自己
判斷的內在現實中的方式與事物存在的方式，這個符應便是認知關係
的一致性，但這關係並不是在事物中，也非在理知中，而是在事物就
其為可理解的對象的價值中。

　　若能把握本章所陳述之天主教哲學知識論精要，在下一章中探討
知識論對傳播理論的貢獻時則將豁然開朗。

第三篇
知識論研究對傳播理論發展的
重要性

第五章
知識論對傳播理論發展的重要性

第一節　傳播真實性問題與知識論

　　知識論的基礎研究對傳播理論發展提供重要的貢獻是在於使傳播理論自身的理論深度能夠更加提昇，也因之傳播理論作為一門嚴格意義下的社會科學有了穩固的理論基礎。在本章中筆者將進一步說明知識論研究對訊息傳播的真實性與相關報導與客觀的直接影響，在討論完成後再兼述這相關的討論對新聞報導倫理問題的影響。

　　首先我們必須仔細的檢視訊息傳播的真實性問題。在我們進行了知識論基礎探討後，會發現真實性、客觀性與倫理問題事實上是相互關聯密不可分的，當我們瞭解認識並非直接認識而是透過媒介物，也就是說在我們生活中大多數的知識是來自間接認知，基於這個事實吾人須洞察在今日世界裏是通過符號來認識，由此我們便可以明白我們日常知識的基礎是如何的不穩固，因為絕大多數的知識都來自他人、他物的間接認識，乍看之下彷彿在瞬息間吸收了許多訊息，但仔細深思時，卻又感到腦中掌握的事物似乎不那麼真實，似乎只是聲音與影像的晃動一閃即逝，因為即便直接認識也不見得就能保證真實性，因為感官也有遭受扭曲的可能，更何況這與我們日常生活經驗相距甚遠

透過媒體所傳達的事物呢？在生活中我們透過間接學習知識，我們求真，我們也真實的搜得知識與部分的真理，而這是何故呢？為何出現這種相互矛盾的情況，一方面瞭解知識的來源大部份都源自間接的認識，是透過媒介而得，這是相當不可靠的；一方面又發現在日常生活的經驗上我們確實在學習與進度，似乎情況也還差強人意。其實這種情景並不特別使人感到訝異，因為認識的過程與求真的過程，依循著基本的求真與求知的法則，那就是人類的思維是不斷的向真理前進，而非擁有絕對真理。這也就是說人類知識的獲得是處於一個持續求真掃除障礙的過程中，並且也正是最安全的方法，而這也正是當代科學發展的基本原則。

簡言之，認識過程是感官接觸到外物，但感官並不直接接觸到外物，而是通過抽象作用得到外物的圖像。認識是認識圖像而非外物，但由於圖像只是外物的媒介並非實像，而且認識過程是在瞬間完成，我們因此也可以說直接認識了外物，但由於「外物」大多數是廣義的「符號」，其本身就是另一個「外物」的圖像，所以這是一個間接求知的過程，在程序上並不具有高等級的可信度，因為在認識過程中，認識的對象並不直接呈顯於理智，所思所識都是對著圖像，由此我們應當明瞭持續求真的真意就在於此，因為知識的基礎是如此的不穩，我們更應謹慎的批判自我各種既定的知識成見。當然要作到這點並非易事，畢竟自我認識從來不是件容易的事[註1]。

如果可以暫時性確認認識的過程，我們可以清楚的看到，傳播理

註 1：觀念　Idea

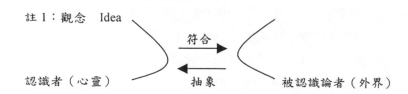

認識者（心靈）　　　符合→　　　抽象←　　　被認識論者（外界）

論所研究的對象正是認論過程中的圖像，傳播理論所關心的問題：新聞報導的客觀性與新聞報導的倫理問題都是在探討人對於圖像產生認識後的效果，以及圖像的形成原因。

第二節　知識論提供傳播理論科學理論基礎

　　由於大眾媒介所具有的於經濟、政治、社會和科技發展緊密相聯的獨特性，使得這個過程不再只是單純的理論探討，在當代傳播業發展的過程我們看到媒體之所以能夠生存，是因為它為整個社會提供了重要的功能，大眾傳播與經濟體制、政治體制、家庭體制、宗教體制、教育體制相互融合成為嶄新的人類生活型態，也就是說今日的生活世界已經無法想像沒有大眾傳播。這也就是說大眾傳播的發展有隨著社會本身發展不斷的改進的特性，這種持續發展的歷程是一般傳播理論學說認為很難進行規律性解釋大眾傳播本質的原因，因為他們認為科學的本質是求真，是在描述各種現象間規則與關係，解釋事件從而產生規律科學，很清楚的這是傳播理論研究者對科學定義的誤解，而這種誤解也將妨礙傳播理論作為一門嚴格科學定義下的社會科學，如果我們採用科學哲學大師波柏（K. Popper）對社會科學應與自然科學採用同一標準的論點，可以看出傳播理論研究在此尚未釐清自身的理論發展方向，以下筆者將嘗試從波柏的觀點來說明傳播理論作為一門嚴格科學定義下的社會科學所必須具備的科學理論特色[註2]。

　　註 2：有關波柏科學哲學的相關整理與討論，請參閱王超群著，《思維解密》以及《解構索羅斯》。

　　科學知識的增長並不是指累積式的進步，是指能夠從錯誤中學習，能夠經得起檢驗。科學理論進步的標準或特徵是：包含更大量的經驗內容，具有更大量的解釋力和預測力，能夠經得住更嚴格的檢驗。科學理論的內容越豐富，它的真實性概率越低，一個述句爲真的概率和它的內容成反比。這意思是說，一個述句爲真的概率越高，它的內容就越簡要。科學與非科學的分界是以可否證性爲判準，而科學與僞科學的區分是：科學是可以錯誤的，而僞科學是不允許有任何錯誤的。科學不是絕對無誤的知識，科學命題永遠都是試探的（tentative），它可以得到的每一種確證（corroborate）都是相對性的，都是試探性的，科學的精神不是標榜絕對無誤的真理，而是在奮鬥不懈的批判過程中追求真理。所以波柏學派所主張的科學知識增長的模式乃是[註3]：

P1（Problem P1）→TT（tentative theory）→EE（evaluativeerror elimination ）→P2（Problem P2）

　　P1 代表最初發現的問題，TT 則是嘗試著解答的方案，EE 是應用在嘗試解答方案上，消去錯誤的過程，P2 是這個過程之後的新環境及它所帶來的新問題。這不是一個循環的過程，因爲 P2 和 P1 不一樣，即使 TT 都失敗了，我們還是學到了一些新東西，我們知道了失敗的關鍵在那裡，也了解到還有那些瓶頸有待突破，這已經改變了 P1 當初所處的環境，已經向前邁進。

　　波柏所提出的模式中，猜想（conjectures）和反駁（refutations）是兩個主要的方法。「猜想」意指科學理論不是起源於觀察，而是起

註 3：ibid.。

源於挖掘問題，實驗者必須根據他的懷疑、他的猜想、他的理論和靈感來質問自然界。猜想的過程就是接近真理的過程，也就是理論具有越來越高的逼真性。猜想的合理性在於我們所選擇的理論比以前的理論史好，它可以接受更嚴格的檢驗，可以不斷地趨向真理。「反駁」意指如果沒有反駁，科學就會停滯，對於一個理論的反駁，始終是我們接近真理的重要環節。反駁的具體做法是：批判、嘗試和掃除錯誤。反駁的依據是：科學理論只能否證，卻不能證實[註4]。

關於波柏「科學知識的增長」大致可整理為[註5]：

1. 科學知識的增長並不是指累積式的進步，而是指能夠從錯誤中學習，能夠經得起檢驗。

2. 科學理論進步的標準或特徵是：包含更大量的經驗內容，具有更大量的解釋力和預測力，能夠經得住更嚴格的檢驗。

3. 科學理論的內容越豐富，它的真實性概率越低，一個述句為真的概率和它的內容成反比。這意思是說，一個述句為真的概率越高，它的內容就越簡要。

   根據傳統歸納法論者的看法，科學家所追求的是描述這個世界概率最高的命題。然而波柏反對這種看法，他認為任何人都可以隨便做出概率幾近於「一」的預測，因此，波柏認為，概率低，內容傳達性高，然而卻接近事實的命題，才是科學家需要的命題，傳達性內容與概率成反比，卻與可檢驗性（testability）成正比。因為它們被否證的可能性很高，所以才有高度的可檢性，傳達度越高的命題，就是對這個世界越確實完整的描述。

註4：ibid.。

註5：ibid.。

4.科學與非科學的分界是以可否證性為判準，而科學與偽科學的
區分是：科學是可以錯誤的，而偽科學是不允許有任何錯誤
的。科學不是絕對無誤的知識，科學命題永遠都是試探的
（tentative），它可以得到的每一種確證（corroborate）都是相
對性的，都是試探性的，科學的精神不是標榜絕對無誤的真
理，而是在奮鬥不懈的批判過程中追求真理。

5.科學知識增長的模式是：

P1（Problem P1）→TT（tentative theory）→EE（evaluative
error elimination ）→P2（Problem P2）

P1 代表最初發現的問題，TT 則是嘗試著解答的方案，EE 是應
用在嘗試解答方案上，消去錯誤的過程，P2 是這個過程之後
的新環境及它所帶來的新問題。這不是一個循環的過程，因為
P2 和 P1 不一樣，即使 TT 都失敗了，我們還是學到了一些新
東西，我們知道了失敗的關鍵在那裡，也了解到還有那些瓶頸
有待突破，這已經改變了 P1 當初所處的環境，已經向前邁進。

6.在波柏所提出的模式中，猜想（conjectures）和反駁（refutations）
是兩個重要的關鍵字眼，也是很重要的科學方法。

「猜想」的主要內涵包括：

■.科學理論不是起源於觀察，而是起源於挖掘問題，實驗者必
須根據他的懷疑、他的猜想、他的理論和靈感來質問自然界。

■.猜想的過程就是接近真理的過程，也就是理論具有越來越高
的逼真性。猜想的合理性在於我們所選擇的理論比以前的理
論更好，它可以接受更嚴格的檢驗，可以不斷地趨向真理。

「反駁」的主要內涵包括：

■.波柏主張如果沒有反駁，科學就會停滯，對於一個理論的反
　駁，始終是我們接近真理的重要環節。

■.反駁的具體做法是：批判、嘗試和掃除錯誤。

■.反駁的依據是：科學理論只能否證，卻不能證實。

　　有關於科學的定義以及科學知識的形成過程，筆者大體是採用波
柏的學說，其他有關科學的定義以及科學知識的形成過程的學說，或
許在指涉的內容在論題上與波柏學說相異但在筆者看來精神上差異
不大[註6]，但有關科學定義等問題並不是本研究的重心，

　　在此就不再進行過度沉重的探討，綜上所言上編研究的重心是理
解知識論研究對傳播理論的重要性，也就是知識論的研究加深了傳播
理論作為一門社會科學的理論基礎。

註6：ibid.。

第六章
知識傳播與新工具網際網路

第一節　傳播實務與理論驗證

　　從知識論的向度來探討大眾傳播理論是一項嶄新的嘗試，透過先前的分析，我們可以看出它對傳播理論所產生的正向助益：藉由知識論增強了其理論深度，除此之外，知識論方法的應用也有助於傳播理論的發展，值得我們注意的是若只停留在討論純粹理論的層面，或許顧全了理論系統發展的必然性，但卻也較為遠離了傳播理論作為社會科學的原義，尤其一旦論及傳播理論三大課題之一的新聞倫理問題更是如此，因此筆者將運用傳播實務問題作為理論的實際驗證。

　　如眾所周知大眾媒體，尤其是新聞媒體經常發生報導錯誤的情況，而更正錯誤的情況亦所在多有，在此將針對於此現象稍作分析，說明傳播理論在實際運用層面掌握知識論方法的重要性。

　　通常論者分析新聞媒體出現錯誤的原因，不外是時間壓力與金錢壓力，因此搶新聞、獨家報導、市場佔有率……等諸般弊病皆由此產生，然而這種說法完全是訴諸市場競爭壓力的解釋，換言之是將新聞失誤歸究於這樣一系列的因素：不確實的新聞報導是因為未經查證，之所以未經查證是由於查證困難，之所以查證困難是因為趕截稿，時

間上無法聯絡上查證對象，或者是預算不足，市場上競爭對手都如此作，又或者是媒體自身對獲利的要求，其實這所有的理由可以總結於新聞媒體在市場競爭的過程裏對效率利潤的追求。但是否爲了追求效率與利潤就必須犧牲對真實性的追求，則有待斟酌的。（以下筆者將說明，理當並行不悖。）而媒體經常性出錯的問題中，同時也可看出新聞報導的倫理問題，爲了追求效率與利潤，新聞媒體草率處理新聞，甚至捏造新聞早已是司空見慣的情況，更惶論報導八卦與色情暴力。這種情況絕非呼籲提昇新聞道德與尊嚴就可以解決，俗話說：「解鈴還需繫鈴人」，在探討這些相關問題時，如果希望改善現象必須使用同樣的方法，而非不同判準的方法。因此媒體既然追求效率與利潤，希望改善亂象的方法就絕不能離開效率與利潤，只作道德性的呼籲，而應該考慮媒體的利益。底下試舉一著名事例來說明媒體報導與事實之間的關系：根據美國「新聞周刊」的一分民調顯示[註1]超過 50%的人認爲新聞報導經常是錯誤，超過 70%的受訪者認爲新聞從業人員主要工作在求名利，同一分報導也同時指出ＣＮＮ在媒體可信度中

以 30%的可信度奪魁，而 25%的人認爲地方新聞可信，20%認爲時代周刊可信，這些數據不具有實質的意義但卻包含具有啓示的資訊，首先ＣＮＮ與時代在可信度方面同時都擁有較高的評價，而且這兩個媒體都有相當的影響力與良好蒐集資料能力，美國有線電視新網ＣＮＮ與時代雜誌設有內部監督單位，專門查驗事件的真僞，而他們之所以設有這單位是有感於「事實」乃是最基本的新聞標準與自律原則。ＣＮＮ與時代雜誌標榜「事實」是新聞報導的客觀性與真實性似乎不必然與效率與利潤呈相反方向運動，甚至我們可以說因爲他們堅

註 1：相關資料整編自＜自由時報資料編譯中心＞1999 年夏季之資料彙編。

持「事實」追求報導的真實、客觀並合乎基本倫理，使之創造了效率
與利潤，而效率與利潤也爲其堅持真實與客觀奠立了良好基礎，產生
了正向倫理的結果，錯性較高的平面媒體閱讀率的持續下滑呈現惡性
循環的情況。要解釋這個情況若由知識方法角度切入，其實是相當的
清楚明瞭，如前文所述傳播理論作爲一門社會科學，就應當使用科學
方法進行研究一般，傳播理論落實於實務界也應是如此，在實務界如
果採用了「會錯」（falsification）觀念，明瞭人不可能擁有完全的知
識，所有的努力都是求真的過程，自然在處新聞時非但不致於陷入錯
誤中不可自拔，而且更能掌握錯誤的發生使自身實質更加提昇[註2] 在品
質提昇的同時效率與利潤同時應運而生，這是準正向循環的過程，消
費的讀者因爲媒體自身自省的能力，加強信任感與品牌忠誠度，而媒
體因此有了更加良好的接受能力以追求更高的效率，這是在過往的媒
體發展過程中尚未加強觸及的部分，然而在現代的管理理論中卻是最
重要的方法之一，在當代電腦界巨擘微軟公司的經營管理的方式所最
強調正是壞消息（bad news）的傳遞[註3] 而非好消息（good news）的
傳遞。在大眾傳播媒體邁向下個階段發展的今日這個方法是非常重要
的。媒體在於從業人員若能清楚的掌握這個方法，正向循環自然會產
生，傳播理論的三大議題的基本研究也將較爲明確符合處理。

註2：參見王超群著《解構索羅斯》一書，書中對「會錯」觀念有詳盡
　　　討論。
註3：參見比爾‧蓋茲著《數位神經網路》一書。

第二節　網際網路──傳播科技的新發展

　　有關新興傳播科技網際網路（Internet）的發展是一個不可輕忽的重要研究議題，面對風起雲湧的網際網路的發展，從傳播倫理的知識論基礎研究過程中我們赫然發現如果純粹從工具面向理解網際網路，網際網路科技的發展大大加強了受眾的力量，甚至達到顛覆傳統理論的程度[註4]，因此也同時將大眾傳播的發展推向了一個全新的境界。

　　研究傳播理論必須深入分析其工具技術轉變對理論產生的影響，網際網路科技促使大量各類的網站蓬勃發展，其豐富的資訊與功能已經改變了許多人的生活作息，甚至思考與行為模式。

　　另外，值得注意的重要課題是由網際網路科技所引發的「新傳播倫理問題」，網際網路在訊息傳播上的確非常重要然而其快速與便捷的特點也衍生了許多新問題，例如侵犯個人隱私[註5]、挑戰傳統價值[註6]

註4：參見 *Webonomics* 導論。

註5：目前可以統計網路使用者曾經到過哪些網站，藉以分析出使用者的消費習慣、興趣嗜好、政治立場……等等，甚至包括個人的基本資料，例如出生年月日、身分證字號、信用卡號碼、銀行帳號、報稅資料……等等，在網際網路中使用者幾乎是沒有任何隱私可言了。

註6：網路上流行的所謂的「網路交友」、「網路戀情」，是在虛擬的狀態下，個人自己塑造出的形象，恣意地與電腦另一端那個同樣也是虛擬的對象交談，而且任何人可以與無限制的對象「往來」（反正一切皆在虛擬中），這與傳統的愛情所重視的忠誠、穩固、負責……等等必要因素完全不同，換言之顛覆了傳統的價值觀。

甚至產生新型態犯罪……等等，這都是本書下編中將持續討論的課題。

1999 年台灣曾經爆發一樁網路情人詐騙案並引起社會廣泛討論便是一例，該事件係由一名 19 歲高職夜校女生，透過電子郵件寄給男性網友與自己相貌差別甚大的廣告模特兒照片，詐誘多名大學生、高學歷人士，在從未謀面的情況下心甘情願地掏出鈔票供其花用，部分被害人甚至已經瘋狂愛上這位網路情人，還有人為了她與原女友分手。此外，還有透過網路徵才，迷姦應徵者的案例。這些層出不窮的事件暴露出網路已引發了詐財、騙色……等犯罪問題，值得吾人注意。

上編　結語

　　一年多來筆者鑽研著《大眾傳播理論的基礎理論》這個鮮少有人觸及的研究領域，如今暫告一個段落，回首這段歷程並展望未來心中有如許的感想：

　　第一，現今台灣的學術研究在基礎理論的領域大多數的研究人員都充滿著無力感，這是一個長時間並且普遍的存在於各個領域中，不僅限於人文學科而已，不過目前為止，我們除了看到道德呼籲外似乎尚未有積極的改變。在筆者看來要扭轉的這個現象的可能性並非「呼籲」，而是「行動」，是必須將基礎理論如何應用轉化的通路徹底建立，也就是經典如何轉化成實際效用的問題。

　　第二，經典轉化對天主教哲學的發展尤其關鍵，因為這乃是天主教哲學發展的基本動力，如果失去了這股活力，實在看不出持續發展的可能，筆者在文中清楚指出教會本身正努力的往這個方向前進，這是一個令人欣喜的現象。

　　第三，筆者深切體認網路的發展應是這個新世紀中人文重建的重要工具，藉由這個新工具能夠將人文豐沛的內涵與精神普及於社會各層面中。「科技與人文的重逢」絕對不會是一個口號，關鍵是所欲重建的人文具有什麼樣的內涵？這是等待我們去開創與建構的。如果說科技發明的推廣是人文的新工具，那麼如何應用這新工具來推展人文的內涵與精神，正是吾人必須努力耕耘的園地。

　　最後，筆者體會最深的就是教宗在「跨越希望的門檻」一書中所

述及的「不要害怕」（Don't be afraid），勇敢迎向未來的趨勢似乎才是
現階段作為研究者所應秉持的信念，並以之為前進的力量。願與所有
在學術領域，特別是奉獻於基礎理論研究者共勉之！

下編
網際網路倫理學問題研究

引　言

　　本書下編主要是從哲學思維的角度深入探討大眾傳播理論的理論基礎，並嘗試爲傳播理論的發展方向提出新的可能性。爲便於理解下編內容當先對整體架構有所掌握，從而可隨文章脈絡之發展共同思考。因此對寫作結構稍作描述實有其必要。

　　就傳播理論而言，影響其自身理論發展至鉅者當屬變易性[註1]，大眾傳播隨著工具之發展，這個處境就是相關領域的研究亦應蘊而生。然而工具發明的速度如此之遽，以至傳播理論反陷於一個尷尬的處境，這個處境就是不斷的在舊的大眾傳播媒介的媒介效度尚未沉澱完畢，馬上又必須面對新的媒介物產生的新研究課題。在這樣循環的過程中，其理論本身的變動性過高，造成傳播理論的研究從表面上看來似乎百家爭鳴，實際上卻莫衷一是。事實上這並不是一個完全無解的難題，理論隨科技的發展同時進步，原是作爲一門純粹社會科學的條件，傳播理論正好具備這樣先天的優勢，如今陷入上述的困境，實肇因於那「不變」的理性思維被「變化」過大的科技發展所迷惑而已，如何在變動中求取不變，正是我們要努力的課題。筆者將以新興的傳

　　註1：傳播理論發展的傳統疑難，包含有作爲一門新興學科，其歷史沉
　　　　　澱以及資料積累厚實度不足，更由此聯帶產生出研究對象的變易
　　　　　性、研究範圍的界定、研究方法的使用以及和其他學科的研究關
　　　　　聯……等問題，有關這些礙難問題的討論，請參見本書上編。

播工具——「網際網路」的發展說明如何在「變」遷不已的大浪潮中，求取「不變」的求真態度與精神。

由於大眾傳播在傳遞真相（求真）的同時也衍生出相關的倫理（求善）問題。所以在文中要藉由筆者在上編[註2]所作的真理觀釐清，開始著手處理「網際網路」的倫理學議題，因為筆者相信，唯有建立在完整真理觀上的倫理論述才有其實踐意義，在此還有一點是必須強調說明的，那就是由於文中所表述之真理系統，是依循天主教哲學之真理觀，所以具備有完備與清晰明瞭之特質。而為了深入探究「網際網路」這個新興傳播工具，筆者更採用「科際整合」方法與專門研究資訊科學基礎理論的科技研究團隊展開長達兩年半的共同研究[註3]。

「網際網路」是一種新興的傳播科技，若想進行有關「網際網路」的探討，仍應先置於傳統大眾傳播的討論範圍。在探尋「網際網路」的發展對人類生活產生的影響時，絕不應將其獨立於大眾傳播的研究範圍之外。因此「網際網路」實具有本身的獨特性，以及傳統理論的共通性，故筆者的論述大體上將同時掌握「共通」與「獨特」兩個面向進行探討。也就是說「網際網路」作為新工具所引發的新課題固然重要，但依循傳播理論相同的真理觀也必須予以把握。「網際網路」所引發的新課題中，廣為世人所關心的課題大多數屬於倫理學的研究範疇，例如：隱私權、智慧財產權和情色問題……等問題的處理都應當是在倫理學的範圍中尋求解答，然欲解決倫理學問題前提是必須先建立真理觀，這樣才能徹底而圓滿的得到解答。最後，特別值得一提

註2：ibid.。

註3：筆者主要是與台北開放社會中心的科技研究團隊合作，該團隊是由黃文祥教授與王超群執行長率領涵蓋各資訊科學領域專長的成員所共同組成。

的是本書付梓的過程，1999 至 2000 年筆者於台北開放社會中心任博
士後研究員，並獲贊助前往美國加州大學洛杉磯分校（UCLA）進修，
而本書下編的研究爲該項贊助之年度成果提報，筆者由衷感謝在這段
艱苦的時間內不斷鼓勵提攜的師長和一起共同努力的工作同仁。

導讀──大眾傳播與現代世界

　　在本章中將陳述本書之進行綱要與研究方法，同時也將說明所欲探討的課題。首先針對「網際網路」的本質定義作一定程度的界定與釐清；其次將說明吾人應當如何看待網際網路的發展作為新興傳播科技的一環；最後將進一步說明網際網路對人類真實生活的影響。

第一節　何謂「網際網路」

　　在參閱了眾多對「網際網路」（Internet）的定義與說明後，筆者認為 1995 年美國聯邦通訊委員會對「網際網路」所下的定義最為妥切適當，那就是：「……網際網路是涉及全球的資訊系統，藉由全球性的單位位置與空間的邏輯性連結；凡建基在網際網路的通路、工具或其後的各項拓展，都是由之引申而得。而網際網路能夠對溝通提供傳輸上更好的支援……」註1。

註1：1995 年 12 月 24 日「美國聯邦通訊委員會」（The Federal Networking
　　　Council, FNC）針對「網際網路」（Internet）一詞所作定義，而提
　　　供該定義主要的諮詢機構乃是「網路及智慧財產委員會」Internet
　　　and Intellectual Property Rights (IPR) Communities.：通過之決議文
　　　原文如下：FNC Resolution: Definition of "Internet"。
　　　On October 24, 1995, the FNC unanimously passed a resolution.

根據 FNC 的定義「網際網路」的性質界定爲傳播、溝通的工具
應是無庸置疑的。也正因爲如此,筆者在下編引言才會強烈的主張「網
際網路」的本質僅是新興傳播科技的一種,固然有獨特性的發展與問
題,但絕不能與傳播理論的探討分割進行。

---

defining the term Internet. This definition was developed in
consultation with the leadership of the Internet and Intellectual
Property Rights (IPR) Communities.

RESOLUTION:

"The Federal Networking Council (FNC) agrees that the following
language reflects our definition of the term "Internet".

聯邦網路工作委員會同意以如下之用語,本會針對「網際網路」
Internet 這個詞進行定義:

"Internet" refers to the global information system that ...

(i) is logically linked together by a globally unique address space
    based on the Internet Protocol (IP) or its subsequent
    extensions/follow-ons;

網際網路是涉及全球的資訊系統,藉由全球性的單位位置與空間
的邏輯性連結;凡建基在網際網路的通路、工具或其後的各項拓
展,都是由之引申而得。

(ii) is able to support communications using the Transmission Control
    Protocol/Internet Protocol (TCP/IP) suite or its subsequent
    extensions/follow-ons, and/or other IP-compatible protocols; and

網際網路能夠對溝通提供傳輸上更好的支援……

(iii) provides, uses or makes accessible, either publicly or privately,
    high level services layered on the communications and related
    infrastructure described herein."

第二節　網際網路與「虛擬世界」

　　目前一般人習將網際網路的發展視之為「虛擬世界」（Virtual）的建構，事實上網際網路乃是一種工具，雖然其展現出人工建構的觀念世界，但仍然與真實世界密不可分。一般人之所以會認為網路即虛擬，實在是受英文中譯的影響。其實 Virtual 本有「更真」（in fact）之意，與 Vision（虛擬實境）或 Fiction（虛構）並不相同，將 Virtual 譯作「虛擬」，不僅未能適當傳達其「in fact」這層涵意，反使人誤以為是虛幻不實，吾人並非計較於遣詞用字，然翻譯一事，須講究信、達、雅，用字漂亮（雅）固然重要，但若詞不達意（達）則等而下之，如若完全曲解原文本義（信）則斷不可取。Virtual 除了就字義含有真實之意，若追究其哲學根源則可溯及觀念論的主張，若依觀念論的代表人物柏拉圖的主張，則觀念界遠比感官界完美，觀念界中的事物乃是真實永恆的，吾人肉體所居處之感官界之事物是短暫、缺陷的，Virtual 所指者乃觀念界中的事物，與一般人所理解的感官界事物相比，那才是真正的真實，絕對不是虛幻的[註2]。由此可見西學中譯所產生諸多歷史性困難[註3]。

　　網路中的訊息跳脫了傳統實物形式，以觀念的方式存在，絕不能將這些訊息理解為虛幻不真，相反地，若以「再真實不過」這個概念去理解，則如同 Virtual Library 一般所譯為「網路虛擬圖書館」這類

註2：有關西學中譯所產生的哲學思辨上的疑難，可參見王超群著《思維解密》一書。

註3：有關柏拉圖哲學的詳細主張，請參見 Popper, K., *The Open Society and its Enemies*, Volume I PP. 18-56.。

望文生義翻譯則將不再出現。在 Virtual Library 中所有資料是以電子數位的形態存在，它們不再是傳統圖書館中一本一本以紙張印刷裝訂成冊的書，它們絕對不是虛幻，不存在的圖書館，而是真實甚至比傳統的存在方式更好的圖書館。按現今網際網路的發達，資料容量之大以及傳遞速度之快，Virtual Library 早比 Library 要好上不知多少倍，故 Virtual Library 不該譯作虛擬圖書館，而該是「更真、更好的圖書館」。

第三節　「統一的可能性」、「時間與空間觀念的變化」與網際網路

二十一世紀人類社會的面貌隨著新興科技的發展不斷的更新，其中對生活世界衝擊最鉅的莫過於肇因於資訊技術發展而產生的量子科學和基因工程的快速發展，生物科技和物理研究的革命速度由於資訊科技的持續拓展，已經不再依循過去漸進的變革序列，而轉成類似跳躍的發展方式。科學技術對人類生活的改變早已脫離「有沒有影響」的爭論直接進入「如何影響」的階段[註4]。對一般大眾而言，最能察覺的是與自己切身相關的科技發展，例如登陸月球與新藥物的發明固然在難度與發展進程上遠勝於電視機與電話，但事實上絕大多數的人所能感知的乃是藉由電視等新科技所展現出的傳播科技的發展[註5]，傳播科技與傳播行為對人類文明的發展逐漸扮演起推動與塑造角色，而不

註4：關於量子科技與生物科技的發展不在本文直接的論述範圍內，但資訊科技的發展與傳播理論的研究直接相關，故特別說明之。

註5：請參見上編。

再只是居於中介地位的媒介物，其已然成為了「認識世界」、「如何認
識世界」甚至「所認識的世界」中不可或缺的成分。正肇因於這般的
認識，筆者深深的體會傳播理論之基礎研究工作的重要，無論是在知
識論或倫理學…等基礎學科，目前的研究現況實在使人憂慮，而在本
文中所著重處理的正是近來傳播科技發展的重心網際網路^{註6}，因為網
際網路提供了傳播格式統一的可能，而這正是劃時代的舉動，網際網
路這個新興傳播科技在技術發展純熟至一定程度後突破特定族群使
用工具的限制而成為大眾廣為接受運用的標準，由此網際網路成為現
代傳播工具一個不可分割的環結，只要把握其新興傳播科技的工具性
質，則過去數年來的諸多問題，例如：「網際網路是否塑造了一個全
新的虛擬世界？網路是否是全新經濟與舊世界無關？」……等的假設
問題將自然消失^{註7}。

隨著「網際網路」應用層面的擴大與運用純熟度的提昇，許多新

註6：ibid.該文中明確的說明了大眾傳播對人類文明的重大影響。

註7：本文之所以將網際網路視之為傳播科技發展的重心，主要依據乃
是1996年掌管美國通訊的最高權力機關聯邦通訊委員會（Federal
Communication Commission, FNC）之決議，該決議將電視的播送
系統由類比方式改為數位，使得大眾傳播的基本方式起了根本性
的變化，標準格式由類比方式走向數位形式的零與一的世界，多
種媒體包括電視、收音機、紙類的傳播的統一夢想在網際網路世
界中成為了可能。「網際網路」技術發展正是由此時進入了快速發
展期，更引發了自1996年起至2000年為止的網際網路狂熱投資
潮，這股投資狂潮襲捲全球形成了世紀末的金融大泡沫。讀者在
感慨網路泡沫化之時，若能對「網際網路」技術發展稍加瞭解，
就不難理解其狂潮形成的理由以及網路一旦脫離工具性的本質其
發展勢必快速消失的原因。

的問題與新的經濟活動隨之產生，雖然名之爲「新」但絕對是一種建基於過往經驗的再發展而非決裂，所以我們該要去討論的是新工具誕生後帶給現存世界「更真」、「更好」的效果，而不是與現實脫節的虛幻世界。網際網路科技發展帶來本質屬於工具性改良的「更真」、「更好」世界，其對人類文明發展主要的影響層面在於：「統一的可能性」與「時間與空間觀念的變化」。

「統一的可能性」不但展現於前述傳播科技的統合，透過 html 的語言建構和 0 與 1 的數字運作，語法與語意層次的人工語言統一，指涉及更深邃的層次的語言統一的可能[註8]。

「時間與空間觀念的變化」重視的是，認識世界的時間與空間範疇所產生的變化，而不是一般所討論的網路科技帶來的便利。「網際網路」的發展與交通工具發展不同，交通工具的發展使得跨國的活動成爲了常態，這並不意味對時間空間的基本認識產生變化，所改變的是速度、效率，速度的改變依現階段科學知識判斷除非發展到了光速或超光速，基本的認識結構並未因交通工具的進步產生過變化。但「網際網路」的發展卻與交通工具發展不同，雖然尚未在基本觀念上發展到突破既有觀念的階段，但「網際網路」的發展確實產生改變人類對時間與空間想像方法的效果，在資料的運送、儲存以及多層次的多方向性的跳躍聯結上已然徹底的改變一般人的對時間與空間的觀念，這

註8：統一語言的問題，為人所熟知的事蹟最早可追溯舊約聖經中記載的巴比倫塔事蹟。而統一語言的工作長久以來一直是西方極尖端優秀知識份子心中最大的夢想，許多科學新發展起因都與嘗試解決這個問題有關，網際網路這個新興傳播科技發展自也不例外（詳情請參閱本書下編第二章），歷史上最波瀾壯闊的統一語言運動當屬於二十世紀初期由維也納學圈所發起的科學統一活動。

種變革筆者不欲在此作過度深層的探討，因為這涉及深邃的哲學思考問題，且應當隸屬於形上學的討論範圍[註9]。但必須要指出的是「網際網路」的發展之所以重要同時使許多人誤認為其發展為「虛擬」世界的原因正是在關於「範疇」的討論。討論時間與空間的變革都是在針對純粹「觀念」、純粹理智的構造物所進行的思辯，所涉及都是在過往長時間無法量化、無法測估效度的觀念建構世界，而這些過去無法量化測量的觀念建構世界在高度數位化後，「觀念」素來如同鬼魅似不屬外五官所能掌握觸碰的世界，具像的進入了一般人的理解與感官世界，或許數位科技的發展尚未完全突破科學統一語言在邏輯理論上的困難，但作為生活世界產物的哲學思維不能一味追求純粹忽視世人之所需，畢竟群眾所能體會到是這種現實的轉向。網際網路的科技發展向世人展現了「觀念」世界的開放或許引發了狂潮，但事實上它祇是哲學思維中推開的一扇幽暗之窗，讓一絲的光亮照入「觀念」無限界與「現實世界」有限界的交會處。

第四節　研究進路

本書下編進行的方式，首先將接續上編所討論的大眾傳播理論知識論基礎問題，並作更進一步的發展。該文中處理的三大問題：（1）「傳播的真實性問題」；（2）「傳播的客觀性問題」；與（3）「傳播的倫理問題」，其中所探討的傳播倫理問題與新興傳播科技「網際網路」密切相關。因此在本文中，筆者將從知識論的領域逐步跨入倫理學的

註9：其中最少涉及亞里斯多德哲學的範疇理論和康德哲學的時間與空間範疇。

研究範圍，因爲若不從知識論著手，縱然討論倫理學也欠缺穩固基礎。雖然倫理學研究並非筆者所專精（筆者所習者乃在知識論的範圍，由於在天主教哲學的體系中知識論與倫理學都是形上學存有特性研究的一環）^{註 10}，爲了清楚闡明大眾傳播對現代人類認知的影響，更爲使網際網路新興傳播科技所引發的新課題能夠有明確認識，筆者仍勉力在文中嘗試跨及倫理學領域的探討。蓋倫理學的研究對象乃是倫理行爲也就是人類生活的實際活動，而倫理學的研究目的是要由純粹理論建構產生出實際的指導性準則，最終能改變人類生活，而本研究的架構正依循於這個原則，雖然在文章的編排上先由倫理行爲的後果反推出倫理學研究的價值，這種安排是基於大眾所關切的倫理問題多半起自個案，而個案問題分別來自割裂的研究脈絡，非由純粹理論出發向下尋求解釋行爲原因的過程，所以筆者在此嘗試從一般的認知程序下手，尋求「由下至上」與「由上至下」兩條研究之路並呈的可能，雖然理論化、抽象化將使一般讀者失去部分的閱讀趣味，但理論性的建構對於處理複雜問題的必要是不可避免，筆者所作應該已是採取中庸路線最大的努力。

下編的第一部分將說明「網際網路」這個新興傳播工具如何改變人類生活並影響認識基礎，詳實的由思變型態改變和天主教哲學整全人文主義主張的兩個角度論述面對新挑戰所應有的變革。

第二部分將深入的剖析廣爲討論的網際網路倫理學問題的真諦與解決，其中包括由網際網路科技發展衍生出的「新」倫理現象、隱私權、財產權與暴起暴落的網路投資熱潮……等，應當如何以素樸的哲學思維提出在變化中求取不變的洞察。

註 10：有關天主教哲學體系請參見拙作《思考的軌跡──論馬里旦知識等級說的融合問題》一書。

　　第三部分則將依循批判性的基本求知精神，嘗試提出面對「網際網路」新興科技所引發的各種新倫理問題的解決途徑。在這個部分中筆者將依據天主教哲學的傳統立場說明無論面對科技如何發展，保持素樸的基本思維與求好求善開放無畏的精神，都能坦然面對變局並保持人性價值不至物化。

第一篇
網際網路科技發展與人類生活

第一章
網際網路對生活世界產生的影響

　　人類生活世界的型態由於網際網路的發展產生了變化，如果我們更深一層的思索便會發現生活世界的型態也產生了具體的變革，思想型態也產生了重要的變化，但究竟要如何具體的陳述網際網路這個新興傳播工具的重要性甚至有可能帶來的危機呢？

第一節　網際網路重要性的一般論述

　　一般對網際網路重要性的論述可區分為積極正面與消極負面兩種。　主張積極正面看法的人士認為網際網路的發展帶給了人類更為便利的生活，人類文化、經濟……等各個方面都會因為資訊處理的「效率」提昇獲致進步。而且網際網路科技發展帶來了一個「虛擬新世界」，要像發現新大陸一般積極投入開發，才可能掌握其中涵藏的無限機會。主張消極負面人士的觀點，則著重於網際網路科技發展所帶來的對原本社會體系的衝擊，在他們看網際網路科技發展帶來各式新型態的犯罪問題和道德問題，例如透過個人電腦滲入家庭的色情氾濫，戕害了為數更多的兒童，這都是嚴重的影響了社會體系的安定，因此必須善加管理控制。

　　在筆者看來「網際網路」這個新興傳播科技與其他新興科技的發

展是一致的，本質都是對更好生活的追求，這實乃植基於人類生存追求進步的基本動力，是一種「向上」追求美好的動力，能釋放這種能量的環境應是一個現存的且不受管制的開放社會，「更好的世界」絕對不是「虛幻」而是「更加真實」。而「效率」只是追求更好世界的眾多標準之一，「效率」的提昇並不能涵蓋「更真」、「更好」的所有要求。再者「虛擬新世界」的詞彙使用明顯的僅是形容詞的使用，有識之士決不該陷入「譯錯」—「懂錯」—「以訛傳訛」之西學東傳的傳統錯誤輪迴[註1]。網際網路科技的發展應該是運用素樸理性思維並堅持理性開放性，自由追求更好生活後所產生的科技研究成果，它所創造的乃是對具体生活世界的改善而非不同，是因為外五官[註2]指涉的可觸碰的感官世界不能使人滿意，所以努力尋求以內四官[註3]與外五官共同運作的觀念建構世界來改善僅能觸碰的感官世界，絕不能在這重大的關鍵上以「虛擬世界」進行理解，否則其後果不堪設想[註4]。

註1：有關「譯錯」—「懂錯」—「以訛傳訛」之西學東傳的傳統錯誤輪迴請參閱王超群著《思維解密》一書。

註2：筆者依循天主教哲學系統，將理智認識外物的能力區分為：外五官眼、耳、鼻、舌、身，主要的接觸對象是感官世界；內四官想像、記憶、推理、綜合主要的處理對象乃是觀念建構世界。詳情請參見拙作《思考的軌跡──論馬里旦知識等級說的融合問題》一書。

註3：ibid.。

註4：所謂「新經濟」的暴起暴落，正是其中最為著名的一項災難。

第二節　網際網路發展簡史

　　以下將由網際網路的發展簡史，嘗試說明爲何我們所應抱持「網際網路科技的發展應該是運用素樸理性思維並堅持理性開放性，自由追求更好生活後所產生的科技研究成果」的這種態度來看待「網際網路」這項新興科技。

　　在下編引言中筆者曾經提及人類追求語言統一與知識整合的夢想可追溯至悠遠古老的歷史[註5]，而有關網際網路新興傳播工具的發展則是人類追求語言統一與知識整合夢想在二十世紀中葉的再現，這段歷史主要由布希（V. Bush）、尼爾森（T. Nelson）、伯納斯李（T. Bernerps-Lee）三人所代表[註6]。

　　1945 年布希在美國麻省理工學院任副院長並擔任「戰時科學研發辦公室」主任時，便致力於全球資訊共享的努力。

　　同樣是在 1945 年布希在（《大西洋月刊》）（Atlantic Monthly）中發表了他著名的文章 "As We May Think" 該文中他指出了即將出現能夠處理人類千百年智慧積累的工具，同時也指出了知識積累速度超越人類理解——在今日看來十分明顯的知識爆炸問題的處理可能。布希對「網際網路」發展的最大貢獻在於提出了技術上重要的構想即文字與圖解相聯、資訊相互串聯儲存、搜尋……等，今日在「網際網路」應用上視之爲基本認知觀念的最原初構想。

　　1965 年尼爾森提出「hyper」超聯結的觀點，是他對「網際網路」

註5：請參見本書下編引言。

註6：現今關於網際網路發展史，最簡潔有力而且生動活潑的描繪當屬
　　　Schwartz, E. I.在其著名著作 *Webonomics* 中所作的描寫。

科技發展最重要的貢獻，尼爾森不但透過「hyper 超聯結」定義了超過三度空間的思維方式，之後更投入超過三十年時間設計電腦程式實現「hyper 超聯結」，他把自己所發展的系統稱之為（Xanadu）。趨使尼爾森如此投入的動力正是他所深信的信念：「如果所有人都有能力取得全部資訊，許多起自無知的錯誤將會消失。」而這也正符合於人類追求語言統一與知識整合的夢想。

伯納斯李（Tim Berners-Lee）扮演了布希和尼爾森工作的最終實踐者：1989 年伯納斯李在歐洲量子物理研究中心工作期間，提出「全球資訊網」的全球超文件系統，目標及設定在要為全世界公民創造全球通用的資訊空間，使散居各地的人能共同研究大型問題。

1990 年，伯納斯李開放大眾使用這個能創造、搜尋、擷取超文件的軟體，並界定「超文件傳輸協定」（Hyper Text Transfer Protocol），這個協定現在已經成為能讓所有電腦都能相互查詢文件的標準格式。同時伯納斯李也創造出了「通用資源位標」（Universal Resource Locator，簡稱 URL）——這個標準使得只要輸入「網址」www.website.com 就能搜尋文件成為可能——和「超文件標記語言」（Hyper Text Markup Language，簡稱 HTML）——類似文字處理軟體功能的標準設計，使得能將特別程式加入文件中[7]。

回顧網際網路的發展簡史，我們會發現之所以「網際網路」這個新傳播科技發展對人類生活所產生的變化是肇因於科學家基於淑世情懷追求語言統一與知識整合的夢想的結果，本質上是一項基礎科學的突破發展，但由於傳播科技影響大眾的直接性使其超越科技自身影

註 7：伯納斯李目前在麻省理工學院成立全球資訊網國際協會（World Wide Web Consortium）繼續為提倡全球資訊網的技術與倫理標準而努力。

響世人悠遠漫長道路，以其極快的速度改寫了人類文明的面貌。

第三節　持平看待網際網路科技發展

　　審慎的分析前文中所論及積極正面與消極負面兩種對「網際網路」發展所持的相異立場後，我們會清楚的發現雙方都共同承認的是網際網路帶來效率的基本事實，因此今日當所有網際網路科技發展先驅所努力目標都已逐步達成的時刻，持平的看待網際網路科技發展是有其必要的。網際網路科技發展所帶來的效率提昇的真義在於這個新工具所帶來跨越時間與空間藩籬的可能。這種可能性使理性運作能力大幅提昇，將能夠達成使大眾自動自發參與，尋求更好的明天這些過去不曾達成的願望得以實現，也將帶給現今學術研究無論是在哪一個領域都有突破數千年人類文明尚未解答疑難的機會，這都是以資訊科技發展作為基礎以網際網路科技作為階段總結的成果，所以今日科學研究發展速度是過去的數百倍，所改變的重心正是求知工具不論是在取得或儲存方面具體的改善，使「知識、權力與資本」間的關係不再絕對，由此真正的理性論辯自由首度具有充分的發展空間與機會，這才是網際網路科技發展提昇效率後對人類文明重大貢獻的真義。無可諱言的，新科技的誕生雖是起因於對舊問題的解決，但其自身又將帶來新的問題。科技進步過程是我們追求持平且儘量客觀的理解網際網路科技發展所不能逃避的，所以在筆者本書上編中曾經描述了現代科學進步的過程和傳播科技的關聯[註8]，在此更要進一步的指出由批判與成長的觀點出發，網際網路科技的工具本質乃於輔助理智思辨並追求

註8：請參見本書上編。

開放所設計發展的科技產品，不可能離開改善真實生活世界的初衷、科學發展的基本規律和市場經濟的基本法則。過去的數年中確實發生不少有識之士熱情投入的盲目行為，使人不能置信欠缺思考的舉措，使我們不能再輕忽對網路科技發展本質的認識。「效率」帶來使人不能忽視的注目也帶來了盲目，因為一昧追求「快」使人無從在孱弱的認知基礎上建立起有效的認識，膚淺化徹底取代了深思與反省，「效率」需要被追求，進步更是不可或缺，但理智能力的鍛鍊卻是更為基本的要求，絕不能因為追求「快—效率」失去了根本，「捨本逐末」、「倒果為因」的行為終將在巨變來臨之時回到理智原本依循的基本法則[註9]。由深度的理性思維出發論述「網際網路」科技發展所欠缺的理論基礎，便會發現在欠缺理性基礎的情況下要想處理倫理問題時將產生的困境。人類所獨有的理性思維發揮在生活諸多面向且具體展現於人文思維，科學技術無疑是其中對生活世界影響最大的一項，若明知其影響卻不理會那將是極其嚴重的錯誤。面對網際網路科技發展，討論網際網路新傳播科技與人類文明的關聯，進一步分析探討網際網路科技在除了正面效率提昇外同時產生的隱私權侵犯、智慧財產認定和色情氾濫……等道德爭議問題實在是必要的工作。

註9：ibid.。

第二章
整全人文主義與現代科技

在第一章末中筆者說明了網際網路的科技發展以及其所引發的新倫理學課題，要由深度的理性思維出發，人類所獨有的理性思維發揮在生活諸多面向且具體展現於人文思維，而科學技術是其中對生活世界影響最大的，想要討論網際網路新傳播科技與人類文明的關聯，並進一步分析探討網際網路科技在除了正面效率提昇外同時產生的道德爭議問題。在本章中則是要更進一步的進行探討。

第一節　整全人文主義

理性能力乃是古今中外哲學家學派對「人之所以為人」的解釋並未在「人作為理性動物」的基本論調上有絕對性的差異。爭論集中在極盡精微的研究「何謂理性」、「理性的本質」、「理性的能力」與「理性認識的範圍」……等問題，筆者在進行本研究的基本立場是以天主教哲學的體系對人的理性能力探討結論為本，進而進行的倫理問題探討，尤其在第三部份討論倫理學整體框架時，讀者將可看見詳盡的分析。選擇天主教哲學是因為其具有的深邃意涵，以及歷經長時間發展的完整架構，只要妥適的理解與運用，在釐清現象迷惑與增進理解清晰度上將大有助益，極適用於處理複雜且變化快速的現今社會議題。

（雖然筆者的思想背景作此主張難免帶有主觀色彩，但事實上完全的客觀只怕是人力所不可能達成的目標）[註1]。現代科技發展全面性的影響人類生活，所以反省也需要能儘量涵蓋人存在整體面貌的思考，因此天主教哲學體系中二十世紀著名的哲學家馬里旦（J. Maritain）所提倡的整全人文主義，作爲討論的基礎是極爲恰當的[註2]。

馬里旦主張二十世紀天主教哲學應在政治和社會的實際活動中發揮思維的影響力。馬里旦認爲建基於此的人文主義發展將不同於傳統發展於十七世紀與十八世紀的人文主義僅著重知性層面探討[註3]。馬里旦認爲傳統人文主義僅著重知性在面對新問題時會遭遇相當大的困難，針對這種弊病馬里旦主張發展整全人文主義，人文主義是以人爲本的思維，若將人文主義理解爲一個信念系統，其判斷標準乃植基於人類需求，而非某種特殊宗教原則[註4]。

馬里旦的整全人文主義，是基於人類本性的兩個特質－真實性和超越性，並且他相信這是最本質的兩個面向[註5]。雖然馬里旦追隨多瑪斯（Thomas Acquinas）的哲學方法，正如多瑪斯一般，馬里旦始終

註1：馬里旦代表了二十世紀天主教哲學自身的反省與發展，其理論框架也確實適合於討論涵蓋各個不同研究學門研究領域的課題。有關馬里旦哲學的詳細討論請參見拙作《思考的軌跡──論馬里旦知識等級說的融合問題》一書。

註2：參見陳文團著拙譯《馬里旦的整全人文主義》。

註3：ibid.。

註4：人文主義是以人爲本的思維，西方思想中關於人文主義的定義很多，其歷史淵源是在文藝復興時期所展開針對古希臘羅馬哲學思想進行的一種研究。

註5：同註2。

努力尋求新的科學知識，因為馬里旦相信新科學的發現能夠幫助証明啓示中所顯示的真理，因此馬里旦為了實踐目的想要達成的傳統和現代綜合是顯而易見的，所以整全人文主義可以說是對古典人文主義以及基督教人文主義的辯證綜合[註6]。

第二節　論整全人文主義的真實性和超越性

具實性和超越性這兩個面向明顯可見於古典人文主義和基督教人文主義中，因為它們乃是完整人的基本特性，顯現人參與創造的工程也顯現了人的自由[註7]。人的整全性被賦予了更精確的圖像，使人成為活生生的、創造性的存有。

要了解馬里旦整全人文主義的真實性觀念，要回溯文藝復興時期對中世紀的批判，主要在於其合定人類的創造力（中世紀時期一般將之歸諸於上帝）和人的價值。另一方面這種批評也是由於對基督宗教世界的不適切以及不完全的瞭解，而最可能的是由於中世紀一些過度的神權體制和結構。文藝復興所宣稱與堅持的，幾乎與早期基督徒及之後喀爾文主義者所追求的相同：回復到最真實的人，如同人在無邪的狀態、一個人在他尚未具化的世界中。當然，根據猶太的基督宗教傳統，這個真實的人是從上帝而來：如此，上帝以祂的肖像造成了人，上帝創造了男人和女人。因此真實的人同時具有神性與人性，他是自然的一部份，自然在此或可理解為史賓諾莎（Spinoza）的「能產自

註6：ibid.。

註7：ibid.。

然」和「所產自然」，這意謂著人不僅在他的自由中，也在上帝所賦予的創造責任中，分享上帝的自由與創造之責任[註8]。

馬里旦繼承自多瑪斯傳統的超越觀念，他表達：「所謂的超越，我認為所有的思考的形式，不論有多麼的不同，他們都能把一個超越人類的視為世界的原理－就是說人具有一個超越時間的精神－是一個自然或超自然的虔誠視為道德生活的中心」[註9]。

馬里旦的超越觀念相較於傳統天主教哲學較為寬廣，但他使用各種思考的模式，忽略了分殊性，並根據多瑪斯自然規律的原則指引成為發展出他對超越的主張。他的超越觀念有三個要點：第一，超越是內在的力量，亦即人超越現實的生物和物理狀態的力量；第二，超越是外在的力量，亦即超越了上帝或更高層級的精神狀態；第三，超越是人類的意識和對善惡的自由選擇（在他完全的自由中）。超越的行為可在他英雄式對善的選擇，以及在他理想面的自我超越中看出。更具體來說，人的超越可見於人在生活中努力朝向絕對、善，如同在人類行動中達致永恆地成長（發展與進步），如同在人格完成的活動中。這三個特色在馬里旦的超越觀念中是基本的而且是不可分割的。「超越同時要求人必須把在他體內的潛能，他的創造力與他理性的生活激發出來。超越也要求人把物理的世界的力量視為自由的工具」[註10]。

當然不同文化和意識形態、有限的世界觀，造成對馬里旦所謂真實性和超越性有不同的理解，但即使不同意他對人性的解釋，我們也無法完全否認其整全人文主義對人文主義所作的貢獻。

註8：ibid.。

註9：ibid.。

註10：請參見本書上編。

第三節　科技與理性思維的不可分割性

　　透過以上對馬里旦整全人文主義的探討，當可瞭解科技與人類理性思維的不可分割乃是人文主義的核心，因爲人是一個整體，沒有「理性」探討就沒有科技基礎，這個不證自明的道理成爲迷思焦點，正與本研究所探討的網際網路新興科技發展帶來的新倫理課題一般，都是由於盲目吹捧效率的結果。透過思維方法的探討使人文主義中含藏改善人類生活的原始動機與科技發展的初衷趨於一致，而如此一來以「人」爲中心的人文社會科學研究的面貌將會自然地呈現。所謂人文科學與自然科學研究方法的斷裂，在本質上從未發生科技發展沒有根源人性的基本事實[註11]，只要適當掌握人文主義研究的基本架構突破人爲藩籬，研究「人性」問題所呈現彷彿遲滯不前的情況將不復存在。相反的，如果從另一個角度思考成熟穩定的理論框架，面對新問題進行必要性的發展突破，正是倫理道德問題研究與道德原則落實的最重要訴求。同樣地，自然科學對研究不也正是希冀道德行爲、道德標準……等問題研究能與時俱進？因此參酌過往的理論研究並由之提供基礎思辯框架，以應對層出不窮的新倫理行爲問題，其實就是所謂人文科學與自然科學的「重逢」，只不過「重逢」意味曾經分離，認知人心結構決定了科學技術的發展的真相，這僅可說是對邏輯法則與知識基礎的基本認識。

註 11：ibid.。

第二篇
網際網路與新倫理問題

第三章　網際網路與新經濟

第一節　「新經濟」的真義

　　在第一章中曾提及網際網路科技發展由純粹理知興趣到廣爲世人重視過程中，資本市場扮演的角色，而這是在描述市場經濟與網際網路科技發展的密不可分關聯，甚至可以描述爲如果沒有市場經濟及其所帶來的效應，網際網路科技發展的風貌絕非今日所見，將網際網路科技發展的效度理解爲資本市場中一種經濟新表現形態，就一般所稱的「新經濟」，不是一種與舊經濟有著根本性不同的「新」經濟，同理可以推定市場經濟體制運作產生的倫理學問題在探討網際網路科技發展上也同樣會遇上，而且網際網路科技所產生的新倫理學問題在原本的市場經濟中運作依循的原則將與其他科技別無二致，因爲人的理智進行建構新工具，以期用新的人心構造物解決困難帶來更好的這個複雜人類心智運作過程，當然會引發新的倫理學問題[註1]。網際網路是真實宇宙的一個建構物，它展現出的是比真實更好而並不脫離真實世界的人工世界。

註 1：請參見本書下編第一章。

第二節　反映真實世界的平行宇宙

　　大多數的論者都誤會了網際網路的基本性質，其中最著名當屬 Schwartz, E. I.在其極具代表性的著名作品 *Webonomics*，描述到：「全球資訊網比較是一個反映出真實世界的平行宇宙。但從另外一些方面來看，全球資訊網又展現出獨樹一格的特性。」[註2] 書中將傳統經濟學的定位於是在處理物資匱乏問題，因此他認爲物資有限而欲求無限，所以傳統經濟學必需乃是如何有效獲取資源，但他主張「網際網路」新科技的發展在「網際網路」所帶來的新經濟形態中，因爲其功能造成「網際網路」領域中沒有資源匱乏，因此更不需要分配，「傳統經濟學是建立在匱乏不足的觀念上，網路經濟學……是成長迅速的智慧財產世界，使用者可以無限制地複製與下載這些智慧財產，網路世界的資源供應量會持續超越人類對這些資源的需求量，網路經濟不但沒有供給匱乏的問題，反而展現了需求不足的情況。網路經濟的成長完全繫於網路上的資訊品質－資訊有多有趣；多有吸引力；資訊如何呈現；資訊如何利用這個媒體獨到的特點。」[註3] 所以他大膽的作出相互矛盾的主張：「是需求不足而非資源不足」，需求無窮供給有限的時代已經過去，現在他來看在網路的世界裏是供給無限需求有限。適用於「網際網路」的經濟學原則乃在於其經濟發展模式，經濟成長建基於透過「網際網路」所傳達的資訊品質，「資訊」的內容與形成方式決

註2：在眾多對網際網路發展現狀描述之中，以 Schwartz, E. I.的著名著作 Webonomics 最具有代表性 。

註3：參見 Schwartz, E. I.所著的 Webonomics：「網路資源豐沛而且無窮無盡的複製，幾乎可以用無限來形容這個過程……」。

定了「網際網路」所塑造的商品發展方式。「網路經濟學指出了一組新的經濟規則、一套新型態的貨幣體系及新的顧客行為，唯有深刻了解網路經濟學，才能夠避免這樣的場面出現……完全自由的市場經濟，全球資訊網則首度使得這種經濟理論成為可能。」[註4] 這些樂觀天真的論述中充滿了盲點，「新世界」其實只是「形容詞」，在 Schwartz, E. I.描述「全球資訊網比較是一個反映出真實世界的平行宇宙。但從另外一些方面來看，全球資訊網又展現出獨樹一格的特性」的同一段文中，我們看到了他承認「反映出真實世界的平行宇宙」，在他樂觀大膽的指出將有一套完全不同體系的文脈中，可以清楚發現 Schwartz, E. I.同時也指出網際網路是眾多科技發展的一項，那麼分析其經濟模式不應也依循同樣的原理嗎？不過就是現實經濟生活分析的一項新課題，離譜的描述為：「傳統經濟學建立在缺乏……網路新經濟是無窮盡　　」，完全誘導讀者忽視更形重要的經濟學基本命題資源分配的問題。筆者無意於在此對一本大眾讀物嚴格批判，畢竟大眾讀物目的不在提供嚴肅論證，而是要向以 Schwartz, E. I.這本書作為代表的許多對網際網路發展一廂情願的論述者與追隨者提出諍言，熱情雖然是解決問題開創新天新地的動力，同樣也會使人盲目，若對追尋對象的本質誤判，後果真是不堪設想。

第三節　「網路泡沫」的反省

　　雖然 Schwartz, E. I.也談到網際網路的發展要達到其所謂完全競爭的情況，必須在完全自由競爭的市場內，在此讚佩其深具創意的觀

註 4：ibid.。

點之餘，不得不指出網際網路科技確實帶來新的經濟活動，但仍然屬於正統經濟學研究的範圍，其不但建基於資本市場原本運作法則，同時也接受市場經濟法則的指導。之所以令人難以理解，是因為包括 Schwartz, E. I.本人在內並不真的理解「網際網路乃是一個真實世界的反應」的真義，當然也不瞭解由之將涉及對比真實更好的追求[註5]。由「供給」創造需求所探討所謂的實際需求乃是外五官所能觸及的世界與生存問題直接相聯，但在網際網路科技發展中所討論的「需求」與「供給」皆是以內四官為主綜合外五官認識功能所認識的對象，是「觀念」這種的「理性存有」，相較於真實世界的生存問題應用「供需法則」予以衡量是並不恰當的。因此用之於分析網際網路科技產生的新經濟問題也陷入同樣的錯誤中，想要因為網際網路科技發展就建立一套「新貨幣體系」的主張真是虛妄不堪[註6]。「新」絕對不表示與現存完全不同，從 Schwartz, E. I.另一本著作《網路達爾文主義》中，看到他表達對「虛擬」的誤解[註7]，在書中他論到「……要將網路作為企業經營就必須應用網路來獲得利潤，如果沒辦法則將被淘汰……」，其實就是對其 *Webonomics* 論點做大幅修訂，但由「網際網路」迷思索所產生的傷害已經留在真實世界中[註8]。

　　網際網路科技發展所依循的法則，即便包含錯判與誤解，其實都仍依循過往所有新興科技工具逐步發展成為影響世人所歷經的必然過程，因為新興科技工具發展在剛開始時由於不瞭解其對未來的影響，大眾的心態要不排斥要不就是充滿幻想，由過度不切實際的幻想

註5：同註1。

註6：同註3。

註7：參見 Schwartz, E. I.著《網路達爾文主義》。

註8：ibid. 。

產生的行動所釀成影響重大的災難就是所謂的「泡沫」。因此面對熱
潮，思辨者除了過程中的諄諄忠言外，就是每當熱潮褪後關注的反
省。針對二十世紀末網際網路科技發展所帶來的「泡沫」的反省主軸
必須是清楚的瞭解網際網路科技的本質只是真實世界的反應，追求的
目標同時也是標準是較諸真實世界的更好，解決在真實世界中所無法
完成的事務，所存在與運作的世界絕不獨立於真實世界之外，而且運
作法則完全依循於實際經驗法則。

第四章
網際網路新倫理問題研究核心
——隱私權與基本人權

　　廣為知悉由網際網路科技發展所引發的新倫理學課題有：(1)色情氾濫問題；(2)隱私權易於被侵犯問題；及(3)智慧財產權保護……等三大問題[註1]。但是否有因為網際網路發展所帶來並且從來沒有以任何形式發生過的倫理學問題呢？審視廣為被探討的這三大問題，似乎並不存在全新課題，全都只是由於網際網路發展引發對於原有問題的更深討論而已。原有問題例如：隱私權或因網際網路發展突顯了其嚴重性，成為網際網路科技所引發新倫理學課題的探討核心。至於因網際網路科技所引發的色情氾濫問題，固然有熱烈討論，但仔細分辨問題本質並沒有因為網際網路科技發展產生重大改變，有的只是新型態、新管道的出現，事實上仍然延續著傳統的探討架構，因此色情氾

註 1：對於隱私問題的討論，筆者使用 D. Brin: *The transparent society: Will Technology Force Us to Chose between privacy and Freedom?* （中譯名稱《透明社會》）一書做為研究範本。該書可以說是坊間擁有中譯本討論隱私問題甚佳的書籍，不但本文論述極具參考價值，該書也可當作良好的研究工具書；書中收集了許多針對「基本人權——隱私權」的各式各樣的探討，而且同時也包含有豐富的網路資源。

濫問題並不會是探討網際網路倫理學的重要議題。同樣有關智慧財產權保護問題，網際網路科技的發展亦未曾引起本質上的決定性變化，保護智慧財產權原本就是現代社會中一直存在的問題，現今因著網際網路科技發展才更爲突顯其嚴重性，網際網路只是提供了新工具與新型態。

因此要展開由於網際網路科技發展而產生的倫理學問題，就要把握其核心處理屬於基本人權探討的隱私權問題。

第一節 網際網路倫理學問題的研究樣態

如前文所提筆者在本研究中提供的網際網路倫理學的研究框架是以天主教哲學做爲基礎，探討程序首重現代科技發展與人理智能力的結合，並堅信唯有理智的開放性才能帶給人類社會進步和對更好世界的追求，人理智的開放性使人有著向上的動力，理智能對無限開放，而且理智渴望並追求無限。探討網際網路倫理學問題，唯有強調理智的開放觀念，和追求對「無限」觀念的理解，才能適當的理解網際網路科技發展其中所涵藏持續進步但又變化不斷的特性，在變中又可求取不變的思辯過程，而這就是網際網路倫理學問題研究所強調的樣態。

第二節 基本人權與隱私權問題

縱觀網際網路科技的發展過程，許多的例證都能使大眾瞭解個人

電腦的發明與通訊技術發展的突飛猛進，乃是人類文明史進程上的重大發展，其中最重要的就是採用機械程序幫助人類思考，並由之發展出資料的處理與傳播，而這個發展帶給人類生活世界一個更加自由與開放的社會，也因此而有是否需要建立管理規則、法律和道德規範討論。因為唯有透過立法與自律才能保障開放和自由的社會生活形態，透過網際網路科技發展得來的「新」開放自由空間對之有著強烈的需求，其中最具體的就是攸關基本人權的隱私權問題。大多數人在討論這個議題時，腦中浮現的是通訊內容的監聽，生活各面向被他人掌控的恐怖景象。的確，科技的發展使人類生活的隱私變成透明，而監測技術高速度的發展，其朝著嚴密控制的商業化方向發展卻為人忽視，隱私變成透明的發展模式開始於大多數人咸認與己無關而輕忽，之後當陌生拜訪電話、垃圾郵件投遞，影響個人生活的情況日趨嚴重，人們開始感覺憤怒、憂慮，因為赫然發現有人正透過各式各樣的管道，包括填問卷、申請信用卡、會員卡和抽獎……等方式，你、我的個人資料正有系統被蒐集整理中，並將之運用逐步追蹤分析，隱私正不斷的流失。以上便是現代人面對隱私問題所感受到的壓力。科技所帶來的生活便利，同時造就利用科技刺探收集資訊與達成特定目的者意圖能夠得逞的機會，而且因為科技進步的速度或使用價格的下降，這種發展只會越來越盛行，每一個人都面對著自己一旦具有被監聽的價值時將如何自處的難題。這正是筆者視「隱私權」與「資訊自由」議題為網際網路倫理學討論的核心的理由。

　　世界各資訊科技發達的國家針對此廣泛的討論和爭論始終不曾間斷，「隱私權」與「資訊自由」間，「控制」與「開放」間，如何拿捏並且將責任條分縷析，在處理這個問題上是極其不易的。贊成管制者，採取的論調是資訊會控制在有權有資源者手中，作為謀求更大利

益目標及控制權的工具，而且資訊科技的普及也造成許多個人業餘式的各式各樣的刺探和操縱；主張開放則持完全相反的意見，他們堅信只有更開放流通的資訊，才能創造真正的自由和社會進步，才能消除官僚風氣，避免資源浪費和無效率運用，杜絕營私舞弊和各式各樣的腐化。從主張資訊自由的角度出發，凡倡導保障「隱私權」都是暨得利益者，想藉之遮閉其危害他人權益的行為，資訊自由的環境不僅能讓使用者自治，進而產生自我約定、自我盡責且誕生自發性規範。其實，無論堅持捍衛或主張開放兩方的主張都存有論述的盲點與理論建構的困難，如果談到制定法律進行限制與規範，將面臨適當方式、適當的規範程度與適當的技術採用的標準究竟存不存在的困擾，而且標準是由誰制訂、執行與監督呢？結果可能因為要保護資訊自由卻產生更多的權力分配、權力腐化與營私舞弊。但如果將資訊更加開放，使用者的自省是否真的能帶來所謂的「公民社會」，是否也真是一個更「公平」、更「民主」的社會呢？而且是否能就此提升生活品質、維護自由？其中所面對的人性幽暗面及人性對權力的基本渴望的問題又將如何解決呢[註2]？

　　筆者在此要深入的追問，「隱私權」到底是什麼？如何界定隱私權的本質呢？事實上「隱私權」並不是一個界定明確的法律概念，關於其內涵的看法也不一致，無論從法學、社會學或哲學思辨角度，都曾對之進行過不同的闡述，如果從中歸結出共識是：「隱私權」乃屬於個人主權的一部分，主要陳述在個人生活領域中有不受干涉的權利，其中包含個人資訊不得在未經當事人同意的情況下被探索、透露及運用以及不得被侵犯的基本權利。所謂隱私：根據現今資訊科技發

註2：ibid.。

展濫觴的美國著名判例－梅根法案（Megan's law）的審判精神，往往
將隱私權視之爲極度主觀與附加的商品，是一種透過交易以達到平衡
的利益。即便在其他關於「隱私權」、「言論自由」及「新聞自由」受
到保障的判決通則中，「盡責」和「隱私」間的區隔也仍是極其困難[註
3]。正如同 D. Brin 著名針對隱私問題討論專書 *Thetransparent society:
Will Technology Force Us to Chose between privacy and Freedom?* 中指
出的重要觀念：「不論主張限制者如何大聲疾呼高科技滲透對隱私權
的侵害都已經在發生，而且更持續在進行著，各式各樣高科技的發展
與監控手段，在今日人類社會生活中已經確實存在不可改變……」[註4]
筆者相信不管隱私權的問題如何的發展，只有以更加開放的態度繼續
進行探討隱私權問題才是解決的正確方向，而不是預設、堅持「控制」
或「開放」的任一立場，畢竟今日社會獨特之處不僅在於事件處理的
步調，更在面對未來時所使用的工具其所具備的本質[註5]。D. Brin 書中
指出：「人類文明之所以與其他生物不同，正是因爲擅長運用從歷史

註3：有關梅根法案（Megan's law）的來龍去脈簡述如下：美國聯邦法院於
　　　1994 年下令全美五十州公布性侵犯者的登錄資料，並且建立全國資
　　　料庫，在加州並且利用光碟作媒介提供該項資料，提供爲人父母者、
　　　從事教育工作及其他相關公益團體在警局查閱爲數多達六萬五千筆
　　　的資料，其中包含可疑者之詳細資料，原意在於用以防範未然。支持
　　　者咸認其可確保住宅區安全，減少悲劇發生；反對者則認爲登錄辦法
　　　已經侵犯有前科人的權利，畢竟那些人早已藉由服刑來償還對社會的
　　　虧欠，此舉無異是未經司法審判的額外懲罰，反對者更舉出許多案
　　　例，指稱有人因此遭受無故判刑，而且也造成某些清白人士因公開之
　　　內容有誤而受到傷害，這就是「隱私權」爭議兩個極端的特質的縮影。
註4：ibid.。
註5：ibid.。

中所學到寶貴經驗，回顧歷史我們發現只有一種方法能補救錯誤，防止犯下和重蹈愚蠢過錯，以及預防自我欺騙，那個方法就是不斷的批評。」[註6]此與筆者的主張恰相符合關於隱私權的探討與解決方向，必須建基於理性批判並不僅是筆者一隅之見，也更不專屬於一家一派的論述。

但以下的事實是不可忽視的，即使是反對透明化最力的人士，D. Brin 書中稱爲「強烈的隱私倡導者」，在強烈主張「對抗」是爲了捍衛傷害自由的威脅，卻陷入了左右爲難的局面，例如：公民自由聯盟……等團體遊說通過新法，阻止各公私立機構濫用私人資料，這種手法稱之爲「歐洲模式」，之所以稱之爲「歐洲模式」乃是因爲歐盟會員國積極設立法規以便管理有權蒐集、保存或控制使用個人資訊的單位或個人。可是一旦作此主張，又將面臨另一困境：要求法律承認個人擁有自己一切資料的基本權利，沒有任何人能在未經他人許可之情況下使用任何相關之資料甚至姓名，那麼自由的基本精神顯然被侵犯，這就是主張「保護」者必然的難題[註7]。正視需要保障「隱私權」卻必須透過如何更自由、更開放才能獲得的詭論，正如 D. Brin 書中提出的主張：「不設防才是處理隱私權的最佳方法」，「科技發展的趨勢使我們瞭解無論如何提倡保護、管制終究是失敗，更可能造就假藉其名者更多獲得不法利益的機會，只有堅持保障開放與自由，並在其中消除那些真正對「個人權利」、「隱私」侵犯乃至威脅自由與開放本身的邪惡力量，才是我們所應當齊心努力的，而這是問題的核心所在。我們幾乎可以斷定無法消除在新世紀中所有對公民基本權利的侵略，但是在真正理解理性與開放精神後，即使最強烈的隱私倡導者都

註6：ibid.。
註7：ibid.。

能肯定下列所述：「開放」與「透明」的好處。「我本身沒有秘密，我認為如果人人公開一切事情，他們也會更加快樂與安全，以後就沒有人可以威脅他們，但這不是目前社會的常態……」，「假設透明是『科學』、『民主』及『自由市場』的必要條件，則活躍在這三個領域的經濟學家將會熱愛開放……」「許多經濟學家將大部分的不公平、官僚作風以及社會上的無效率歸因於不均衡的資訊流通，因此，這些專家將訊息的不均衡列為首要造成病態結構、市場弊病的一個重要因素」註8。這種詭論最縝密的主張鋪陳者當屬大哲波柏（K. Popper），波柏主張實至名歸的「開放社會」，將是最健全的社會，積極的倡導自由言論與透明化不但美好，而且是維持自由創新與蓬勃文明的關鍵註9。

第三節　建構處理隱私權問題方法的嘗試

　　吾人首先必須堅持「開放」的基本理念，堅信唯有透過開放之路才能夠解決問題，其次必須同時對理性思維能力進行不間斷的努力，並且由理性思維建立出倫理規範。

　　哲學史上著名的蘇格拉底自殺公案導致了柏拉圖反對「開放社會」的精神，其影響延續二千多年註10，直到二十世紀的西方世界開始接受社會應保有一個公開對話的園地，來自社會各階層那些勇於公開

註8：ibid.。

註9：參見 Popper, K.: The lesson of this Century.

註10：蘇格拉底因為在 Academy 的聚會場所坦白說話，所以他遭到必須以毒藥自殺的厄運，這刺激了他的學生柏拉圖對開放社會精神的反對。

建言的人其思想本身對整體社會是無害的[註11]。言論的自由逐漸被視為進行批評的最佳動力與來源，也是唯一可以有效糾正錯誤的措施。因此大多數正直的人並不太擔心別人是否知道很多有關他個人的隱私，最關心的乃是能否進行雙向溝通。「保護必須通過開放」、「保護也必須基於開放」，在波柏巨著《開放社會及其敵人》一書中曾清楚的論述到：「開放社會的敵人是存在於每一個人的人性幽暗面……可能他不願意接受所謂的經由磋商制訂的公平法規鬆散性的管理，他可能認為他是在實現自己的雄心大志……」，「無數不知名的人渴望讓自己的肉體和心靈脫離權威與偏見的桎梏，他們不願意將統治世界的責任交付給凡人面……」[註12]。同樣 D. Brin 也指出：「要用方法來防止這些有野心的人找藉口剝奪這些我們通過數個世代所追求到的自由，因為這些主張限制的人認為在這個 Academy 我們要保護它，所以我們要在這附近樹立高牆來屏障這個花園，但事實上我們可以瞭解沒有任何一個國家任何一個制度因為按照這個保護的措施而繁榮壯大，事實上每個人去盡責而引發出來的光明反而讓這個自由對話的花園持續的成長茁壯，所謂的每個人善盡其責應該是唯一可以充分保障言論自由的防禦手段」[註13]。

　　網際網路科技發展使連線的全球性社會即將來臨，充分理解「保

註 11：希臘神話中的 Akademos 傳說，是在說一個農夫阿卡得摩斯幫過太陽神的忙，他請太陽神賜予一個花園讓他可以在園中間暢所欲言，可以批評奧林匹亞的諸神而不會遭到報復；阿卡得摩斯後來就是發展成在雅典時期的 Academy 言論廣場，這個字元 Academy 就是英文中大學殿堂的重要字元。

註 12：請參見 Popper, K., The Open Society and its Enemies, Volume I.

註 13：同註 1。

護必須通過開放」、「保護也必須基於開放」這些一般人視之爲詭論的
當代開放精神，是十分重要的概念，它將是新世界運作的關鍵，它可
能展現出的是如同 D. Brin 的樂觀：「開放是好的，封閉是壞的，把它
烙印在你的額頭，將它運用在技術標準、商業策略以及人生哲學上，
對於未來的個人、國家以及全球社區而言，它將是一個贏的策略。」
註14也可能有如同 Wire 雜誌評論的激烈語調：「比較了走封閉路線和開
放路線世界將有何不同的同時，指出走封閉路線的國家將向內萎縮分
裂成數個集團，造成思想僵硬、經濟停滯、貧窮和恐懼，使世界進入
更加封閉與分裂的惡性循環；反之，如果採用了開放模式，那麼良性
循環將促使文化向外擴張，接受創新與新思維將提升富裕與信任，這
將促使寬容以及與較小經濟單位的貿易，達成更加開放的社會以及更
爲整合的世界。」註15所謂「透明社會」如果是全世界在網際網路科
技發展的趨勢下即將面臨的未來，那如何在其中得到安全才是該關心
的重點，但無論如何同時擁有自由與效率的政府，並不需要以主張封
閉社會、放棄自由而換得安全。

　　D. Brin 曾談到一些手段，其中最重要的乃是提出新的社會契約
來達成相同的基本目的：「……獎勵創作者將創作成果與別人分享而
不是獨享，這種利害攸關的突破將視人們如何加以運用而導致促進或
壓抑自由，這種開放就會特別的急迫，這些新的工具、模式和技術，
我們必須將之公諸於世並公開討論」、「必須要瞭解到自由言論只有全
力付出，……回報……長期而言，自由言論應當是能夠產生美好世界
模式的大熔爐，它能產生出驚奇來粉碎我們的自滿與自負，也能產生
通向未來的較佳途徑以及共有的新美德」「要想維持透明化非常重要

───────────

註 14：ibid.。
註 15：ibid.。

的條件就是技術與專業知識，但開放後它將遍布全球各地，沒有任何
一個專業人士與派系能夠擁有知識的獨占權，西方不斷宣揚的個人主
義與標新立異、懷疑權威的過程將持續性的發展。」[註 16] 綜上所述可
以歸結：重視或過度強調隱私權，相信需要長久的保護自由、個人安
全甚至隱私的主張都是似是而非的謬誤，但如果主張將透明化發揮徹
底也同樣不可行。如何務實的妥協避免極端，其實所需要的僅是保持
基本的忠誠和理性。如此一來結合 D. Brin 極具代表的描述：「……我
們能夠擁有一些真正的隱私，而它是自由的好處與產物」,「真正自由
的個人將可要求一點隱私，透明化的要求不等於消滅隱私，而在於給
予我們權力去讓那些破壞隱私的人負起責任」,「隱私代表著居家的寧
靜與獨處的權利，別人知道我的事或許令我不悅，但我無權管束他們
的想法，不過我十分介意別人對我與我所愛的人做了些什麼事，我們
都有權生活在安全的地方」[註 17] 這些看似是理想的基調，事實上保持
了務實的懷疑，如果將光明一寸寸的照入居心不良的人，製造傷害就
不易如願，真正有可能獲得保障的途徑，不是內向性的訂立各樣規則
限制，而是由更加透明化導致更多保障。這意味雖然主張開放但也絕
不是不設防，而正相反的是由於徹底理解實施困難所以要求不斷的改
善，如此一來，看似衝突的管制與開放在理解開放精神並以之為信念
後，主張增加更多限制將轉為設計更好工具面對犯罪行為，主張防堵
破獲侵犯隱私的犯罪，將轉為因為主張更開放、更透明的精神，使得
與個人自身的資料能夠不怕為人所知，達致真正的相互制約，防堵在
生活中滲透於各個角落的偷窺、操控行動。

　　筆者認為處理「隱私權」問題除了根據開放社會精神，並應理解

註 16：ibid.。

註 17：ibid.。

開放的真正意義建基於對理性的信任以及對人性光明面的堅持，尤其在開放精神遇到挑戰時這將更形重要[註18]。

　　在研究中之所以處理隱私權問題，是由於洞察理性運用對處理網際網路問題的重要，否則層出不窮因網際網路科技發展的新倫理學問題，如：資料外洩程度、曝光機會、資訊流失、所產生偷窺工具、密碼與身分資料設定與破解……等，新問題、新形式，將如何處理呢？討論如何運用理性分辨判斷、設計機制來防堵犯罪，保障開放而非限制資訊的流通，這才是重點。有限度的控制而不扭曲成封閉和管制資訊，必須建基於理性，才能建立討論「網際網路」新科技所引發的倫理學問題研究框架，這也正是在導論中開宗明義所特別強調的。

　　強調理性的開放並以天主教哲學做為基礎討論倫理學規範問題，是嘗試建構處理隱私權問題方法的關鍵。因為理性對無限開放、追求、渴望，由之人具有了超越性，因此人不斷的面對各式各樣新的挑戰，理性能力也同時成長，這些基本觀念就是嘗試建構處理隱私權問題方法的倫理學基本框架所必須的。

註 18：雖然 D. Brin 書中展現出他對人性光明面的信賴以及對開放社會精神的追求，也談到了迎向開放社會將是一個正確的道路，但卻不見他對人類理性面向的闡述。

第三篇
網際網路倫理學問題的研究架構

第五章
作為研究基礎的天主教哲學體系

　　天主教哲學的體系是以存有學做基礎探討所有學問，「存有」（being）的特性乃是一、真、善，形上學研究「一」，知識論研究「真」，倫埋學探討「善」[註1]，運用理性思辨能力探討存有「善」的特性，並從而探討倫理學行為與倫理規範，是天主教哲學傳統歷經千年所創造發展的系統，兼顧探究理性本身同時闡述存有對超越性與無限的開放性與追求，進而以之為基礎發展倫理學成一門社會科學，此乃筆者採用天主教哲學體系的原因。在本章中將展現其倫理學系統，並談論如何運用於網際網路倫理學問題的討論，包括隱私權問題、智慧財產權保護以及色情問題等實務性的倫理行為問題。

註1：天主教哲學系統是以亞里斯多德的哲學做為基礎，歷經教父哲學時期的發展與中世紀多瑪斯的解釋修訂，而成的哲學系統，本文前文中曾提及的馬里旦就是屬於此系統二十世紀的代表人物之一。
　　　對天主教哲學體系及其倫理學主張主要整理自 Aristotle：《倫理學》Aquinas, Thomas: *Summa Theologica* & *Commentary on Metaphysics of Aristotle*；曾仰如：《倫理哲學》；王臣瑞：《倫理學》。

第一節　倫理學的性質

　　天主教哲學的系統對倫理學的主張是：實質上，倫理學所討論的是人類生活的一切倫理事實，包括行為的特質、行為的標準、良心的現象、法律的基礎，都屬於倫理學的研究範圍[註2]。在研究進路上，天主教哲學系統的倫理學系是規範倫理學甚具代表性的體系[註3]。規範倫理學的特徵是主張有道德標準和原則，基本命題乃是：「人之所以為人，必須與其他動物有別，因此人有其做人的理由和原因，人之異於禽獸則在於他的理智」[註4]所以規範倫理學乃是本於理性探討的倫理學體系。而建基於理智自然亦依循理智的規則，而理智運作要求標準與原則，在上一章中曾談及想要探討網際網路科技引發的倫理學問題，必須堅持對人類理性運用的信心與開放的信念，正因其乃人性基礎並與天主教哲學的規範倫理學體系吻合。將天主教哲學中非屬於當下的部分「存而不論」[註5]，天主教哲學體系所提供的乃是研究人類行為本質與探討道德最深基礎的完整形上學基礎。存有學做基本脈絡貫穿所有的學門，在知識論談論存有的特性「真」，在倫理學談論存有的特性「善」，並在規範倫理學中著重實踐面，由此一來天主教哲學體系的規範倫理學，不再只是純粹理論思辨同時也成為人類行為的實際標準和指導。其中天主教哲學的深邃理論同時成為發展倫理學基礎系統

註2：ibid.。

註3：倫理學研究進路可區分為描述倫理學，分析倫理學及規範倫理學。

註4：同註1。

註5：胡塞爾哲學用語請參見拙作《思考的軌跡——論馬里旦知識等級說的融合問題》一書。

最重的資產與最大的挑戰，因為要跨越理論和實踐的面向，要規範善
惡是非、權利義務並給予實質意義，同時指導人類行為，而且兼顧理
論體系這是何等的艱難。天主教哲學發展出來的規範倫理學體系本質
上屬於純粹的理論系統，實際面向的指導仍有困難，亟需由分辨和釐
清天主教體系本身著手，以便運用其資產而克服困難。

　　天主教哲學將倫理學定義為：「以人的理智研究人行為的絕對規
範和實踐的科學。」[註6]

　　標示出倫理學是以理智作為基礎的研究科學，研究的對象是「行
為原則」和「做人道理」，若接受理智作為基礎，就應該了解並接受
理智具有能力分辨善惡、賢賤、真偽，因為理智的對象就是真理[註7]。
由此倫理學確定作為規範科學，討論的規範不是法律規則約束，而是
人與生俱來的倫理規範，倫理規範實乃是人性的要求，如果人要活得
像人就必須遵守理智的指導，而理智指導就是人的規範。這是重要的
辯析，因為理智是倫理學所依循的規範，意味著理智如何運作，如何
認識外物的知識論原則，由存有學「真」的意義向最高存有開放，其
中包含連環性的命題：「倫理學研究若有困難乃因知識論研究不足所
致，也就是對理智能力研究不徹底所造成，在理智研究徹底後如果還
遇到困難，那困難就應是產生於人本身的限制，這時必須跳出人的有

註6：同註1。

註7：理智是否可以認識真理？欲說明此問題必須以理智作為起點，凡是證
　　　明理智不可能認識真理的人都證明一件事：那就是理智可以認識真
　　　理，如果一個人實在否認理智的有效性，那麼他也就沒有權利反對有
　　　關理智的任何主張，因為不相信理智就不應該利用理智。對於這個論
　　　證，筆者與 A. C. Cotter 的論點一樣對之不表完全認同，但此乃天主
　　　教哲學系統中典型的說明，在此供讀者參考。

限性轉向對超越屬性開放」，這組連環命題展現出天主教哲學系統的
邏輯嚴謹度[註8]。

一、倫理學是絕對的規範科學

天主教哲學系統將倫理學定義爲絕對的規範科學，因規範有絕對
與相對的分別，相對規範是有條件的規範可以遵守可以不遵守，倫理
規範不是相對的而是絕對的，因其沒有可以不遵守的選擇[註9]。

二、倫理學作為一門實踐科學

倫理學是一門實踐科學，純粹理論科學只鑽研事物真理揭發其中
奧秘，爲真理而追求真理，以純綷的知識爲目的。倫理學在研究真理
之外還要注重實行，它不但要人類知道什麼是惡，還要讓人嫉惡如
仇，不但讓人知道什麼是善，還要讓人擇善固執，而且止於至善[註10]。

三、倫理學純粹談論「人」由之為其他
學門基礎

倫理學和其他學門之間的關係不論是與心理學、人類學、社會
學，還是政治學……等學門的關連，都同樣指涉與其他社會科學學門

註8：同註1。

註9：天主教哲學系統的論證基本上可理解為：「談到相對因為先談到絕對，
　　　絕對的對立面有所謂的相對」，而由相對與絕對談及人的自由……等
　　　相關問題。

註10：同註1。

的交集在「人」本身，每一個學門有其特殊研究範圍，但倫理學談論的純粹就是「人」，更由此作為其他學門的基礎[註11]。

第二節　天主教哲學系統之倫理學研究方法

一、深入探究倫理學研究對象

　　進一步探究倫理學的研究對象，規範倫理學研究的物質對象是人的行為，而形式對象是人類行為善惡是非的性質，規範倫理學著重的不是做什麼而是「應該做」與「不應該做」、「可以做」與「不可以做」。規範倫理學的任務正是在辨明行為的性質以便指明行為的原則[註12]。天主教哲學系統主張的倫理學研究方法建立在對知識的主張，在天主教哲學系統中將知識的來源定位在通過抽象得到（人的理智與生俱來有其抽象、判斷、推理的能力並能理解包括演繹……等抽象法則），並沒有專屬於倫理學研究的特殊方法，從一方面主張倫理學原理，來自經驗又不全然，既與人的本質相聯更要符合行善避惡並不完全來自經驗的原則，又要主張其普遍有效性，觸及先驗主張……等，可以明確看出倫理學方法與知識論的緊密結合程度。

註 11：同註 1。

註 12：除了天主教哲學系統對倫理學的主張是如此，著名的美國實用主義
　　　　大哲杜威對倫理學的定義基本上也非常接近，他主張倫理學乃是從
　　　　邪正善惡的立場去研究行為的科學。

二、深層解析人的行為

　　由於人是理性動物，所以人的行為必須符合出於理智瞭解與意志同意兩個條件，簡言之「明知故意而做」是人的行為。如果不是明知而故意就稱不上是人的行為。因為倘若人的行為是出於理智認識與意志同意的兩項心智活動，則可以清楚的掌握所謂自由意志行為其中所涵藏的道理[註13]。既然人的行為是由理智的認識與意志的同意所共同組成，「理智」與「意志」必然成為組成行為的兩個基本因素，理智是認識的官能，對象是真理，不但觀察外在現象，同時也理解事物的內在本質。真理又可區分為物理真、倫理真和本體真，在倫理學中探討倫理真完全符合於理智的本質。人不管做任何行為，只要是站在人的立場所為，都經過理智，所以凡沒有經過理智的行為不能算是人真正的行為。這個定義已將倫理學的理論做了關鍵性的確認；而「意志」的對象是善，意志本身是一種理智的欲望，就如同在感覺上有感覺的欲望一般，理智也有理智的欲望，感覺欲望發自感官，理智欲望發自理智，感官遇到本有的對象時自然就會產生本能的傾向，同樣理智在發現善的時候自然會發出嚮往之情，而這就是意志的欲望[註14]。為什麼意志的對象是善？而且泛指一切的善，不只限於倫理道德的善？這是來自對「意志」本質洞察後產生的設定。意志不能追求惡，因為那與其本質相違，現象上許多不合於「善」的追求行為，起因於意志可能追求假善，而假善就是實際惡而故意被意志誤認為善，意志絕對不能追求惡，「惡」仍通過意志去做，那也仍然是在善的觀點下，因為至少是欲望的滿足，人的一切行為只要是有意識的無非出於善的動

註13：自由意志行為又可細分為：（1）自發行為；（2）受命行為。
註14：同註1。

機，即便「善」是微乎其微但仍是善，意志在積極方面追求善，在消極方面自然是躲避惡，然而意志既不認識善也不認識惡，它的本質不是認識什麼，意志是一種盲目的動力，意志不論是追求善或躲避惡都依賴理智的指導，沒有理智的指導，意志並不會採取任何行動。因此導出命題：「除非先認識，無物被貪求」和「一個行爲的構成要件，理智與意志的運作是兩個基本因素，理智需要認識行爲意義，並同意意志的指導，如此相輔相成才組合成一個行爲，而且理智與意志並不是兩個獨立的官能，是一個官能兩個作用」[註 15] 組成人行爲的兩條件「理智的認識」是「明知」，而意志的同意是「故意」，由故意包含「自由」，即意志自由是「自由」包含在意志中，故意做一件事自然就是自由去做[註 16]。進一步細分行爲構成的心理過程，人的行爲以善做爲起點，善必須由理智發現再由意志接受一個行爲才能完成。首先理智發現善，交由意志發出意願，而如果理智認爲此善可以獲得，便再通知意志，此時意志發出意向，意願與意向不同，意願是廣泛的願望，意向是有心的嚮往，在意志發出意向之後，理智就再針對善的價值與它獲得所用的方法做周詳的考慮，如果認爲妥當，最後即做成判斷並通知意志進行取捨決定，此時意志對理智的判斷給予同意其在方法進行選擇。天主教哲學系統中認定構成行爲的理智與意志運作步驟，屬於理智有：發現善、評判獲得善的可能性、考慮善的價值與方法，以及最後判斷。屬於意志有：向善意願、向善的意向、對於理智做最後判斷的同意及方法的選擇。最後完成行爲，理智需通知意志，將其所做最後抉擇付諸實行，而此最後抉擇並付諸實行屬於理智命令。命令乃通知或聲明事情的行爲，是屬於理智的工作而不屬於意志，意志可

註 15：ibid.。

註 16：ibid.。

以接受或拒絕命令但是不能發佈命令，然而如果意志接受理智的命令就必須利用所選擇的方法去採取行動，當理智看到行動已經實行，目的已經達到的時候，意志也就感到心滿意足而去享受它的成果，至此一個行為終告完成。理智發布命令與見到目的達成，在意志方面有採取行動與享受成果，由理智開始再由意志響應，理智的工作重要的是考慮和判斷，意志的工作最主要是同意和抉擇。至此天主教哲學體系的精緻複雜在行為構成的分析上顯露無疑。試問若想要討論倫理問題只用一般性的純直覺，而沒有如此清楚且深入的探討，如何可能解決複雜萬端的人類行為問題[註17]？

三、倫理學研究方法

如果純從方法的角度觀察天主教哲學系統的倫理學，論證細密是其極大的特色，由理智為基礎進而將倫理行為等同於理性行為，之後透過理性討論產生實際行為，完全掃除談論倫理道德問題時必須先「接受」、「相信」某些基本命題的非理性態度，若非先對之存有偏見，僅進行方法學上的理解系統和假設演繹推論，則會發現無論接不接受天主教哲學系統的許多基本假設，都可接受其推論而沒有邏輯謬誤存在，而這才是探討科學應有的態度。若真能去除成見，天主教哲學系統的倫理學研究框架的確具有其可用之處。

註 17：ibid.。

第六章
探討網際網路倫理學問題

第一節　網際網路倫理與行為內在善惡

　　有關行為善惡的內在分別，與網際網路倫理學問題研究關係最為密切，天主教哲學的倫理學主張行為有內在善惡之分[註1]，雖然國家可以制訂法律，也可能由之約束人的良心，但筆者認為天主教哲學對此的主張最為適切，因為人類的一切行為善惡不都來自法律，在國家制定法律之前人類必須有某種基本的道德觀，有自然律作為行為善惡的標準。國家制訂法律也有其標準不能任意，這便說明了人類行為的善惡不都來自法律，在法律制定前某些行為早已有了善惡。法律是根據社會情況的需要為人民的公共福利而制訂，所以不是人的一切行為包含在法律之內，不是一切行為的善惡都來自法律。如果人的行為善惡都是來自法律，法律定為善的行為就是善，法律定為惡的行為就是惡，那麼法律也可以將善的行為定為惡，將惡的行為定為善，這就與

註1：天主教哲學系統中對「惡」問題研究最著名的代表是聖奧古斯丁 St. Augustin，他主張行為的本質有善惡的分別。

人類的公共信念所不合^{註2}。這個論點對本研究的論證是極其重要的，因為由此將可以建構出網際網路倫理學問題探討的架構。在第一部分中，筆者曾闡述網際網路所呈現的乃是真實世界的另一發展面向，由之可以明瞭網際網路引發的各種倫理問題根本沒有脫離原本倫理學探討的範圍，只是新現象應如何使用原本的體系去討論解決。

第二節　網際網路倫理問題研究的正確方向

　　網際網路所引發的倫理學問題並非法律而是道德與自律問題，這是討論網際網路倫理學問題的重要關鍵，無論是其中關於「基本人權－隱私權」、「智慧財產權保護」還是「色情問題」，既然都是原本倫理學的變形，當然也應依循倫理學的原則進行討論。網際網路科技呈現的是透過外五官與內四官交互運作辨識的世界，它所呈現的是觀念性的存在，不分離於實體又非一般性實體，必須透過電腦螢幕介面為工具，其所改變的是形式而非內容，不可能不與實質世界發生關連，或許在這個世界中對「時間」與「空間」的認知發生了變革，但仍在根本上依循於原本法則，也就是說不會因為今日是網路世紀「孝順」就不再是普遍價值而「殺人」就變成可以接受。

　　如果將討論架構簡化，以便討論複雜的網際網路所帶來的新倫理問題，所應該作的乃是更認真的思考倫理問題的本身，如何利用理智思辨，進行細密論證至每一個環節，這正是為何研究中要採用天主教哲學系統的原故，這是每一個願意認真思考網際網路倫理學問題的研

註2：參見上一章註1。

究者所必須進行的工作。例如把倫理價值當作善與目的的代名詞以致善與價值相混，造成了論證困難[註3]，在討論網際網路科技所引發的「基

註3：價值原本是經濟學上的一個名詞，指物品的用途與交換的數值，而今日價值已隨處可用，不單用於經濟學等等，而廣見於社會學、文學、政治等等一切的科學，所以理解價值哲學是重要的。現代人把價值往往當作善與目的的代名詞，善與價值的確可以相混用，善的物都可以稱作有價值的物，凡是有價值的物亦可稱為善的物，但詳加分析便可以發現兩者並不完全相同。價值是善的表現，善是價值的基礎。價值在於人的領會和欣賞，它的觀念較為具體和確定，善在於物的本身，能夠脫離人的鑑賞而獨存，所以它的觀念較為廣泛和抽象，價值與目的有時亦可以互相混用，還有價值的物都可以當作目的來追求，凡當作目的被追求的物亦可以稱為有價值的物，但事實上善與目的雖然對於意志是意思同意，但是有價值的物不一定被人所追求，目的離不開善，但是可以離開具體的價值，一個物是否有價值端視人是否認為它有用處，被人希求和欣賞的物有價值，被人所遺棄的物便沒有價值，所以，簡言之，價值似乎完全是主觀的，但是也並不盡然。因為一個物必須先有它本身的善然後才能被人所希求，任何一個物它之所以失掉價值是因為太多，但是它本身的價值還是存在，所謂供過於求，價值有其正與負的分別等等。然後又會去談到正價值負價值等等，價值一詞顧名思義就是含有等級的意思，價值不但在量有等級，在質也有等級，價值在量方面的等級不能算作等級，因為量是多少的問題，甚至可以分割到無限，價值在質上面的等級才能算作真正的等級，物質價值也就是人所賴以為生的基本條件，人生離不開物質同時也離不開精神，人生包含了物質和精神兩個層面，對人來說精神的生活比物質的生活重要，因為人是有理性的動物，所以人對物質的追求之外還要追求文化、宗教、人權、人的尊嚴等等。所以人的精神價值在主觀方面是人的理智和意志以及人所有一切的天賦能力，在客觀方面便是人

本人權——隱私權」問題時，何謂基本人權就必須從倫理價值的認定入手，而欲審視倫理價值，則不能不討論其根本的理論體系，因此才在上一章中處理了天主教哲學體系有關倫理學主張的基本命題，探討「基本人權—隱私權」由「生存權」的處理與價值問題研究領域相連會發現將能順利處理。要提昇純粹科學的倫理學探討之純粹度同時兼顧指導功能，使其他領域能引之爲基礎，其中的融接點正在價值問題的探討。價值的定義在天主教哲學系統中關注的是倫理價值的普遍性和絕對性，全都是基本人權探討的基礎，其中又以倫理標準爲重[註4]。本研究引領的思考是「我們該如何進行針對網際網路科技發展所產生的新倫理學問題進行討論呢？」其中包括「法律問題」、「權利與義務問題」……等問題的基礎都在倫理學的談論之中[註5]。

實際在精神生活上的表現，也就是文學、科學、藝術、宗教的一切活動，在人的生活上精神的價值越高人的生活也越高，越有精神價值的生活越是人的生活，倫理價值就是人類精神價值的最高點，因為這是人的人格價值，人之所以真正為人的價值就在於此，在倫理價值中人以自己的自主能力把自己的理智和意志發展到最高峰，完成自己的人性和目的，使人與罪惡相隔離。在主觀方面倫理價值是人在自己的行為上所表現出來的善；在客觀方面倫理價值是行為本身原有的價值。

※以上資料主要整理自 Aristotle：《倫理學》 Aquinas, Thomas: Summa
　　Theologica & Commentary on Metaphysics of Aristotle；曾仰如：《倫理哲
　　學》；王臣瑞：《倫理學》。

註4：同註2。

註5：茲將天主教哲學倫理學中有關法律、權利與義務之觀念略述如下：
　　以下資料主要整理自 Aristotle：《倫理學 》 Aquinas, Thomas: *Summa
　　Theologica & Commentary on Metaphysics of Aristotle*；曾仰如：《倫
　　理哲學》；王臣瑞：《倫理學 》。

多瑪斯對法律的定義是:「法律是政府為謀求公共福利所頒布合乎理智的命令」。

☐　法律的基礎包括明文律的意義和種類,明文律就是人為法,對法律最廣泛的意義就是一種規則、標準去指導和約束。

☐　法律制訂條件有四:法律應由政府或國家有權力的機構去訂定,法律應是謀求公共利益,法律應合乎人的理智,法律應當公布:

第一個條件是,法律應由政府或國家有權力的機構去制訂,因為法律是為全體國民所遵守,私人或私人團體沒有權利去管理全體國民,因此也沒有權利為全體國民制訂法律。

第二個條件是,法律是為謀求公共福利而制訂,因為法律的目的就是為了維護並發展全體國民的利益,也是政府或最高機構的職責,法律應為全體國民所遵守,政府最高機構不能為私人利益迫使全體國民遵守某一法律。

第三個條件是,法律應合乎人的理智,因為只有合乎理智的法律才是合理的法律,如果法律違反理智就是違反人性,迫使人遵守違反人性的法律那就是暴政或是虐政。

第四個條件是,法律應當公布,因為法律如果不公布自然無法使人遵守,所以沒有公布的法律就等於不是法律,一條法律的公布應當包含它的性質、內容和責任,如果法律公布的不清楚人民遵守的責任也就不清楚。

☐　法律擁有約束力,加諸人一種責任,因為法律是命令,命令要求人執行一種固定的行為,不能隨意的拒絕或反抗,如果追根究底我們可以發現法律的束縛力的責任來自法官的旨意,但是它的基礎是自然律,沒有法律可以違反自然律,違反自然律的法律就是不合理的法律,在國家法律中可以看清楚有的是把倫理自然律直接以明文規定為法律。

☐　法律的本質有束縛力,含有制裁的成分,因為法律不是請求、願

望或建議，而是一個命令要求人不得任意違反，違反就要受到制裁，但是制裁在法律上的本意不但指有罪受罰，也指有功應受賞，一般而言立法者並不因人守法而獎賞，倒是因人犯法而懲罰。

□「權利」與「義務」是做人處世兩個不可分離的條件，權利是指建立在精神上的能力，常與人的位格相連，所以有位格的人才有權利，沒有位格的物沒有權利，因為只有位格的人才有尊嚴才知道什麼是權利。

權利的定義是持有使用並索取事物的名份。

所謂「持有」的意思是說如果一件事物為某人合法的所佔有，那此事物就是屬於他。

□ 權利常包含權利主體的對方，沒有權利主體的對方權利便毫無意義，因為權利的目的就是在使權利主體善盡他應盡的義務，因此權利的對象雖然是生命財產名譽，但實際上則牽涉到他人的行為。

□ 權利的組成因素：權利的主體、權利的對象、權利的名義和權利的對方。

□ 權利的主體應當是人，只有人才是權利的主體，只有人有位格，有位格人才有主權，而位格是屬於精神主體，有自我意識與自我反省的能力，因此能認識自己、把握自己、佔有自己、精神主體佔有自己的能力也就是佔有其他物的基礎，沒有精神的物體不能認識自己不能反省、不能佔有自己，因此也不能有主權的能力，人有道德的生活和人生的目的，人為了度道德的生活並為了達到人生的目的，必須不受他人的干涉，這種不受他人干涉的保障便稱之為權利，權利的主體可以是個體的人或自然的人，也可以是團體或法人，權利的主體是人權利的對方也當是人，其他生物不得做為權利的對方，因為權利的對方有義務去尊重並完成權利主體的權利，

□ 權利的持性分為：不可侵犯性、限制性和強制性，權利的不可侵犯性是權利的最基本特性，它的目的是保障權利主體合法的去執行他

的權利而不受他人的干預，沒有不可侵犯性，權利便如同虛設，不起任何作用，如果一個人有權利走路，但如果另一個人又可以不許他走，他走路的權利等於沒有。權利絕對不可受侵犯，可受侵犯的權利不是權利。權利的限制性是說任何權利不是沒有範圍的，因為人生活在世界上彼此的關係錯綜複雜，大家的權利也相互交織，往往在我們實行權利時有可能正妨礙他人的權利，所以同樣在他人實行權利時可能正妨礙我們的權利，所以權利通常都有限制性。

□　權利的限制性第一個原因是目的，權利的目的，每個權利都有它的目的，在目的達成達到之後權利即行停止，因為權利就是為目的而設，目的既然已不存在，權利自然亦無存在的必要。

□　權利限制的第二個原因是義務，因為權利與義務是兩個相對的名詞，都是在維持人類的道德秩序，有其一必有其二，二者相連不可分開，如果權利阻礙則盡應盡的義務權利就應當停止。

□　權利限制的第三個原因就是更高的權利干預，權利有不同的等級，自然權利高於人定權利，公共權利高於私人權利，當權利相抵觸時較高的權利應占優勢，就比如說一個飢餓到瀕臨死亡邊緣時又身無分文，此時他可以取用別人的食物，雖然他以後有償還的責任。又政府為了公共福利可以徵收私人土地。權利的強制性是說權利的主體在必要時可以用強力去執行或維護他的權利，同時在他的權利被別人不合法的剝奪後如果有必要也可以用強力去索回，因為權利是為了達到做人目的的必要方法，如果有義務達到做人的目的，自然也有用維護達到目的方法的權利，在可由法律途徑解決之時應先訴諸法律，這是社會公共秩序的要求，否則人人皆用強力執行自己的權利，社會秩序必遭破壞，權利不是物質的力量而是倫理的力量，不能用強制力作為它的本質，強制力必須先假定權利的存在，所以先有權利後有強制力。擁有權利對象是人的內在良心。

□　權利的種類從來源可分為自然權利與法定權利，自然權利是自然

　　網際網路科技產生的倫理學問題在「基本人權——隱私權」這個部分，也並不是倫理學上的新問題，而是新的探討角度。之所以如此乃是由於資訊科技的進步與發展使人類行為產生新變化，由之造成基本人權易受他人侵犯的情況，但要將這個基本權利屬於生存權，主張侵害隱私權即侵害他人的生存權，理由顯然是不夠充分的。理性思索分辨問題性質，且依據思考架構推理分析，將使探討具有正確的方向。如同在第五章中所陳述的加強限制與追求開放的詭論，筆者主張的乃是回歸倫理框架兩派主張其實一致，爭論只在彼此不相互理解，如何相互理解則從倫理學的研究架構可以找到答案，由於倫理行為本身就是理性行為，如果結合天主教哲學體系用之為基礎，則除將倫理學視為以理性為基礎的科學外別無出路，那些爭端只是理智運用的不清或對之失去信心所致，並進而以法律限制作底限防範更大惡行的產生，同時相信理智全力追求開放，這應當就是研究正確的發展方向。

律所賦與的權利，比如生命的權利、財產的權利和家庭的權利，法定權利是國家法律所賦與的人的權利。權利從主體來說分為國家權利和私人權利，國家權利是政府對國民所有的權利，其目的是在維護並促使社會的公共福利，譬如政府的徵稅權。私人權利是指私人以及私人團體的權利，其目的是在維護並發展私人或私人團體的利益。

下編　　結語

　　三年來鑽研「大眾傳播理論的基礎理論」這個主題，所投注的心力真是筆墨難以形容，在下編中所處理的是網際網路科技所引發的新倫理學問題。由於這是一個全新的嘗試，必須同時兼顧網際網路的工具角色與理論深度處理起來倍極艱辛。

　　如前所述網際網路乃傳播科技的發展，所以一方面討論的焦點不能偏離大眾傳播理論，而必須先由知識論角度切入，另一方面爲了處理網際網路科技發展所產生的新倫理現象，又必須運用倫理學體系，這樣一來便構成了研究上極大的負擔。實際上問題並不只於此，因爲討論網際網路科技發展所產生的新倫理現象，不可能完全不談科技本身以及與現代社會發展息息相關的開放社會精神，因此在研究終告完成之際，才驀然發現已經穿越眾多理論體系，不但在基礎學科上包括了存有學、知識論，最終達到倫理學，而且還包括大眾傳播理論的實務與網際網路科技的發展歷史及其應用。表面看來針對工具面的探討，事實上則是運用天主教哲學體系的核心學門進行了既深且廣的反省，最後也歸結提出思辨框架，更開啓傳播哲學研究的新向度。雖然這些只是諸多大眾傳播新課題持續努力研究的一個開端，本書所達致的成果雖小，但能夠將這小小的成果呈獻給所有關心的人仍使筆者感到欣慰。

　　在本研究中筆者不僅鋪陳問題並提供暫時性的解答，使得本研究的呈現風貌有別於一般對網際網路倫理學問題的研究，而解答也並不

陳腔濫調，是由秉持堅信理性能力與開放態度的基本立場，並運用先哲歷經時間洗鍊發展的倫理學框架所提出的回答，相信新倫理學問題的處理之道應在其中矣。

總　結

　　三年來鑽研「大眾傳播理論的基礎理論」這個研究領域，所投注的心力真是筆墨難以形容，尤其本書下編所處理的乃是由於網際網路科技所引發的新倫理學問題更是倍極艱辛，因爲必須同時兼顧網際網路的工具角色與理論深度，而且研究的時間長度涵蓋人生不同階段的轉折，因此回首來時路心下不禁唏噓。

　　第一個研究年度中筆者著重於處理知識論問題。而第二個研究年度則側重於處理倫理學問題。在第一個研究年度中著重處理知識論問題，發現基礎理論研究領域的無力感，筆者主張扭轉的可能性並非「呼籲」而是「行動」必須徹底建立經典轉化、基礎理論轉化應用的通路。也發現了天主教哲學發展基本動力的關鍵，也正是經典轉化，天主教教會本身正致力於此方向的改革。再者筆者也深切體認新工具--網際網路的發展對新世紀人文重建的重要性，也因此展開第二個年度的研究工作。

　　第二個研究年度的工作成果，所側重處理的乃是倫理學問題，所選定定的主題乃是網際網路科技所引發的新倫理學問題，如前所述網際網路乃傳播科技的發展，所以一方面討論的焦點不能偏離大眾傳播理論，而必須先由知識論角度切入，另一方面爲了處理網際網路科技發展所產生的新倫理現象，又必須探討運用倫理學體系，這樣一來便構成了研究上極大的負擔，但實際上問題上不只於此，因爲討論網際網路科技發展所產生的新倫理現象，不可能完全不談科技本身，以及

與現代社會發展息息相關的開放社會精神，因此在研究終告完成之際才驀然發現已經穿越眾多理論體系，不但在基礎學科上包括了存有學、知識論，最終才達到倫理學，而且還包括大眾傳播理論的實務與網際網路科技的發展歷史及其成因用。表面看來針對工具面的探討，事實上則是運用天主教哲學體系的核心學門進行了既深且廣的反省，最後也歸結提出思辨框架，更開啓傳播哲學研究的新向度，雖然這些努力只是面對如同網際網路科技發展的諸般大眾傳播新課題持續努力研究的開端。

在本研究中不僅鋪陳問題並提供暫時性的解答，使本文有別於一般對網際網路倫理學問題的研究，而解答也並不陳蒼濫調而是秉持堅信理性能力與開放態度的基本立場，運用先哲歷經時間洗鍊發展的倫理學框架，如此一來新倫理學問題的處理之道盡在其中已。

教宗在《跨越希望的門檻》一書中所述及的「不要害怕」（Don't be afraid），筆者近年來體會甚深，作爲天主教哲學傳統實在論的信徒迎向紛沓的未來挑戰絕不能失去實在非常需要的存在勇氣。願與所有奉獻於基礎理論的研究者共勉！

參考文獻

一、中文參考書

中村元著，《東方民族的思維方法》，台北，結構群，1987。

王臣瑞著，《倫理學》，台北，學生，1991。

王超群著，《思維解密》，台北，中華徵信，1998。

王超群著，《解構索羅斯》，台北，揚智文化，1998。

司徒達賢著，《非營利組織的經營管理》，台北，天下文化，1999。

杜祖貽編，《西方社會科學理論的移植與應用》，台北，遠流，1993。

李震著，《基本哲學》，台北，問學出版社，1978。

周黎明著，《電子商人》，台北，遠流文化，2000。

林政宏、葉正賢著，《網路情色報告》，台北，探索，1999。

袁廷棟著，《哲學心理學》，台北，輔大出版社，1985。

柴熙著，《認識論》，台北，台灣商務印書館，1983。

梁瑞祥著，《思考的軌跡——論馬里旦知識等級說的融合問題》，台
　　北，中華徵信，1998。

曾仰如著，《倫理哲學》，台北，商務，1985。

張孟超著，《如何與記者打交道》，台北，智庫文化，1999。

魏鏞著，《社會科學的性質及發展趨勢》，台北，商務，1971。

Aquinas Thomas 著，孫振青譯，《亞里斯多德形上學註》（一）至（四），

台北，國立編譯館，1991。

Aristotle 著，苗力田、徐開來譯，《倫理學》，台北，知書房，2001。

Aristotle 著，苗力田、李秋零譯，《形而上學》，台北，知書房，2001。

Aristotle 著，顏一、秦典華譯，《政治學》，台北，知書房，2001。

Barthes R.著，許薔薔、許綺玲譯，《神話學》，台北，桂冠，1997。

Barthes R.著，鰲軍譯，《流行體系》（一）、（二），台北，桂冠，1998。

Barthes, R.著，溫晉儀譯，《批評與真實》，台北，桂冠，1997。

Bazin, A. 著，崔君衍譯，《電影是什麼》，台北，遠流，1995。

Berners-Lee T.著，張介英、徐子超譯，《一千零一網》，台北，商務，
　　1999。

Brin, D.著，蕭美惠譯，《透明社會》，台北，先覺，1999。

Bochenski, J. M.著，郭博文譯，《當代歐洲哲學》，台北，協志出版社，
　　1988。

Bochenski, J. M.著，王弘五譯，《哲學講話》，台北，鵝湖出版社，1987。

Burstein , D. & Kline, D.著，查修傑譯，《決戰資訊高速公路》，台北，
　　遠流，1997。

Davenport, T. & Prusak, L.著，胡瑋珊譯，《知識管理》，台北，中國生
　　產力中心，1999。

DeFleur, M. & Ball-Rokeach, S.著，杜力平譯，《大眾傳播學理論》，台
　　北，五南圖書，1993。

Gates, B.著，樂為良譯，《數位神經系統》，台北，商周文化，1999。

Meldrum, M. & McDonald, M.著，樓永堅譯，《45個最重要的行銷概
　　念》，台北，滾石文化，1999。

McQuail & Windahl 著，楊志弘・黃季雍譯，《傳播模式》，台北，正
　　中書局，1995。

Hope, J. & Hope, T. 著，王瓊淑譯，《笑傲第三波》，台北，經典傳訊，
　　1999。

Kant, I.著，《純粹理性批判》，台北，仰哲出版社，1987。

Katz, H.著，林柳君譯，《媒體探戈》，台北，經典傳訊，1999。

Kuhn, T. 著，王道環譯，《科學革命的結構》，台北，遠流，1989。

Kuhn,T. 著，程起銘譯，《必要的緊張關係》I.、II.，台北，結構群，
　　1989。

Maritain, J.著，趙雅博譯，《知識的等級》，台北，正中書局，1973。

Maritain, J.著，戴明我譯，《哲學概論》，台北，台灣商務印書館，1987。

Naisbitt, J.著，尹萍譯，《高科技‧高思維》，台北，時報文化，2000。

Metz, C.著，劉森堯譯，《電影語言》，台北，遠流，1996。

Moore, D.著，鄭惟厚譯，《統計讓數字說話》，台北，天下文化，1999。

Morris, D.著，張志偉譯，《網路民主》，台北，商周，2000。

Popper, K.著，莊文瑞、李英明譯，《開啟社會及其敵人》，台北，桂
　　冠，1988。

Popper, K.著，李豐斌譯，《歷史定論主義窮困》，台北，聯經，1981。

Popper, K.著，程實定譯，《客觀知識》，台北，結構群，1989。

Popper, K.著，蔡坤鴻譯，《臆測與駁斥》，台北，幼獅文化，1989。

Popper, K.著，劉久清譯，《20世紀的教訓》，台北，貓頭鷹，2000。

Popper, K.著，劉久清譯，《封閉社會的敵人巴柏》，台北，北辰，1988。

Russell, B.著，鄧宗培譯，《科學對社會的影響》，台北，協志工商，
　　1979

Swingwood, A.著，馮建三譯，《大眾文化的迷思》，台北，遠流，1997。

Schwartz, E. I.著，呂錦珍、洪毓瑛譯，*Webonomics*，台北，天下文化，
　　1999。

Schwartz, E. I.著，陳正平譯，《數位達爾文主義》，台北，臉譜文化，1999。

Senie, H. & Webster, S.編，慕心譯，《美國公共藝術評論》，台北，遠流，1999。

Solomon, N. & LEE, M.著楊月蓀譯，《不可靠的新聞來源》，台北，正中，1995。

Schatz, T.著，李亞梅譯，《好萊塢類型電影》，台北，遠流，1999。

二、中文論文

黃美貞，〈諾爾的批判實在論〉，《哲學論集》，1976，第 7 期，頁 183-199。

劉仲容，〈士林哲學抽象及反省作用〉，《哲學與文化月刊》，廿二卷第六期，頁 502-511。

三、英文專書

Aquinas, Thomas, *Summa Theologica,* 1954.

Aquinas, Thomas, *Commentary on Metaphysics of Aristotle*, trans. by John P. Rowan, Library of Living Catholic Thought, 1954.

Berners-Lee, T., *Weaving the Web*, The Palmer & Dodge agency, U.S.A. 1999.

Brin, D., *The Transparent Society*, Addison-Wesley Longman, Inc, U.S.A.1999.

Burstein, D. & Kline, D. *Road Warriors,* Curtis Brown Ltd.1995.

Burke, V. J., *The Pocket Aquinas*, Washington square press. New York,

1968.

Bochenski, J. M. edit, *Modern Europe Philosophy*, Harper & Row, New York, 1954.

Bochenski, J. M., *Philosophy: An Introduction*, Harper & Row, New York, 1954.

Bochenski, J. M., *The Methods of Contemporary Thought*, Harper & Row, New York, 1968.

Cooley C. H., *Social Organization,* Boston, 1909 Charles, cribner's Sons.Cotter, A. C., S. J. edited, *A.B.C. of Scholastic Philosophy*, The WestonCollege. Press, Massachusetts, 1909.

Copleston, F., *A History of Philosophy*, Vol. I-VIII, The Search Press, London, 1976.

Copleston, F., *Contemporary Philosophy*, Newman Press, New York, 1976.

Descartes, R. *Discourse on Method and Meditations on First Philosophy*, trans. by Donald A. Cress, Hackett Publishing Company, 1985.

Descartes, R. *Philosophical Works*, trans & edit by Haldane & Ross, 1931.

Donceel, J. (editor), *A Marechal Reader*, Herder & Herder, U.S.A., 1970.

Donceel, J. (editor), Philosophical Anthropology, 2nd ed.; New York, 1961.

DeFleur, M. & Bau-Rokeach S., *Theories of Mass Communication*, Longman Publishing Group, New York, 1989.

Hope, J. & Hope, T., *Competing in the third wave*, Harvard Business School Press, U.S.A.1999.

Kant, I., *Critique of Pure Reason*, trans. By Norman Kemp Smith, Macmillan Ltd., London, 1961.

Kohak, E.V., *E. Husserl's Project of Phenomenologyin IDEAS I.*, Chicago, University of Chicago Press, 1978.

Kuhn, T., *The Structure of Scientific Revolutions*, Uni. Chicago, U.S.A, 1970.

Kuhn, T., *The Essential Tension*, Uni.Chicago, U.S.A, 1970.

Lee M. A.& Solomon N., *Unreliable sources: a guide to detecting bias in news media*, New York, 1990.

Morris, D., Vote. Com, Renaissance Books, U.S.A. 1999.

Maritain, J., An Introduction to Philosophy, trans. by E. I. WaiKin, 1974.

Maritain, J., *Challenges and Renewals*, selected reading edited by Evans J. W. and. Ward L. R., Uni. of Notre Dame Press, U.S.A., 1968.

Maritain, J., Degrees of Knowledge, trans. by Charles Scribner's Sons, New York, 1938.

Maritain, J., *The Range of Reason*, trans. by Charles Scribner's Sons, New York, 1952.

Magill, F. N. edited, *World Philosophy*, Salem Press, Englewood Cliffs, N.J., U.S.A., 1961.

Mcquail D. & Windahl S., *Communication Models*.

O'Hear A., Karl Popper, *Unwin Brother Ltd.*, London, 1982.

Popper K., *The Logic of Scientific Discovery*, Happer & Row, U.S.A., 1968.

Popper K., *The Open Society and its Enemies*, Routledge & Kegan Paul, London, 1945.

Popper K., *Objective Knowledge*, Oxford Uni., London,1972.

Popper K., *The Poverty of Historicism*, Routledge & Kegan Paul, London, 1957.

Popper K., *Conjectures and Refutations*, Routledge & Kegan Paul, London, 1963.

Popper K., *In Search of A Better World*, Routledge, NY, 1992.

Popper K., *The Self and Its Brain*, Joint author J. Eccles, Spring International, Germany, 1977.

Popper K, *The Open Universe*, Rowman & Littlefield, USA, 1982.

Popper K, *Realism and the aim of Science*, Rowman and Littlefield, U.S.A., 1983.

Popper K, *Unended Quest*, T. J. Press, Great Britain, 1992.

Popper K.: *The lesson of this Century*, Routledge, Great Britain, 1997.

Schilp P.（editor）, *The Philosophy of Science*, 2 Vols, Open Court, La Salle, Illinois, 1974.

Schatz T., *Hollywood Genres*, McGraw-Hill, Inc, U.S.A., 1981.

Swingewood, A., *The Myth of Mass Culture*, Macmillan, London, 1997.

Senie, H. & Webster S., *Critical issues in public art*, Bardon-Chinese, U.S.A., 1992.

Wittgenstein L., *Philosophical Investigations*, Basil Blackwell & Mott, London, 1958.

四、英文論文

Alder, M. J., "Intentionality Immateriality", The New Scholasticism; Vol.XLI, No.3, Summer, 1967; pp.312-344.

Deely, N., "The Immateriality of theIntentional as Such", The NewScholasticism; Vol. XLII, No.2, Spring, 1968, pp.293-306.

Edwards, S., "The Realism of Aquinas", The New Scholasticism; Vol. LIX, No.1, Winter XLI, 1985; pp.79-101.

Murphy, J.S.J., "Concept and Object", The New Scholasticism; Vol. XLII, No.2, Spring, 1968; pp.254-269.

五、英文其他參考書目

Glyn A. & Frisby F. trans: The Positivist Dispute in German Sociology, Heineman Educational Books Ltd., London, 1977.

Magill I. edit : World Philosophy, Salem press, U.S.A, 1961.

網際網路與傳播理論　　　　　　　　傳播網 3

作　　者／梁瑞祥
出 版 者／揚智文化事業股份有限公司
發 行 人／葉忠賢
責任編輯／賴筱彌
執行編輯／范維君
登 記 證／局版北市業字第 1117 號
地　　址／台北市新生南路三段 88 號 5 樓之 6
電　　話／23660309　23660313
傳　　真／23660310
印　　刷／偉勵彩色印刷股份有限公司
法律顧問／北辰著作權事務所　蕭雄淋律師
初版一刷／2001 年 12 月
I S B N ／957-818-338-0
定　　價／新台幣 200 元

郵政劃撥／14534976
帳　　戶／揚智文化事業股份有限公司
　E-mail ／tn605541@ms6.tisnet.net.tw
網　　址／http://www.ycrc.com.tw

國家圖書館出版品預行編目資料

網際網路與傳播理論／梁瑞祥著. -- 初版. -- 台北市：
揚智文化，2001〔民90〕
　　面；　公分.--（傳播網；3）
　　參考書目：面

　　ISBN　957-818-338-0（平裝）

　　1. 大眾傳播 – 哲學，原理　2. 電腦與人文

541.83　　　　　　　　　　　　　90016931